基于实用视角下的英语翻译研究

赵冰　著

中国纺织出版社

图书在版编目（CIP）数据

基于实用视角下的英语翻译研究 / 赵冰著 . --北京：中国纺织出版社，2017. 12（2024.2重印）

ISBN 978-7-5180-4532-7

Ⅰ. ①基… Ⅱ. ①赵… Ⅲ. ①英语-翻译-研究 Ⅳ. ①H315. 9

中国版本图书馆 CIP 数据核字（2017）第 331376 号

策划编辑：汤 浩 **责任编辑**：汤 浩

责任设计：林昕瑶 **责任印制**：储志伟

中国纺织出版社出版发行

地 址：北京市朝阳区百子湾东里 A407 号楼 **邮政编码**：100124

销售电话：010-67004422 **传真**：010-87155801

http：//www. c-textilep. com

E-mail：faxing@ c-textilep. com

中国纺织出版社天猫旗舰店

官方微博 http：//weibo. com/2119887771

北京兰星球彩色印刷有限公司印刷 各地新华书店经销

2017 年 12 月第 1 版 2024 年 2 月第 8 次印刷

开 本：170mm×240mm 1/16 **印张**：7. 625

字 数：120 千字 **定价**：49.80 元

前言

随着中国改革开放的日益深入、对外合作的不断加强以及全球化国际环境的影响，世界经济、文化趋于多元化，中国涉外关系的事件日益增多。众所周知，英语是国际间使用最广泛的语言，在国际交流中起着举足轻重的作用，因此受到世界各国间越来越多的重视，在中国更是如此。中国的教育部门将英语作为一门主要的、必不可少的关键课程，并强调英语学习的重要性，将英语划为学习的重点，鼓励学生学习英语。

在各个领域中、各个行业都涌现了很多英语的参考文献和资料。这些英语文献和资料涉及的领域非常广泛，例如教学、医疗、科技、建筑、化学、物理、广告、文学、传媒等领域。为了紧跟国际发展的水平，提高工作和学习的效率，适应各个行业的发展，中国需要大量优秀的翻译专业人才。

语言是文化的载体，文化对语言会产生诸多影响。不同的文化，其语言也会呈现一定的差异。不仅如此，语言还受文体、修辞、风格等因素的影响，因此，翻译并不是逐字的翻译，而是结合原文所在背景对多种因素综合考虑的结果。特别是近年来随着科技的发展和经济一体化的深入，世界各国、各地区之间的沟通日益增加，诸如科技、法律、广告、新闻、商务等实用文体在交流中扮演着愈来愈重要的角色，随着研究的不断深入，实用文体在词、句法与语篇等方面形成独特的风格。在跨经济文化交流日益频繁的今天，了解和掌握英汉两种语言之间在文体之间的差异，有利于克服交流中的语言障碍，有利于加深交流的深度和效果。作为各语言间交往的桥梁，翻译在不同文体间表现出不同的特点。由此可以看出，对英汉实用不同文体的特点及翻译进行研究具有重要的现实意义。基于此，作者推出了《基于实用视角下的英语翻译研究》一书。

本书共分七章，大致分为三个部分。第一部分（第一章~第二章）是对翻译和实用英语基础理论的概述，包括翻译的发展历程、界定、分类、过程以及实用英语翻译的基本理论等内容。第二部分（第三章~第六章）主要是站在实用视角下对英语中各种文体翻译的阐述，具有一定的实用性。第三部分（第七章）主要阐述的是翻译的辨误，将翻译应用于实践。

本书是一部专门研究实用英语翻译的著作。与其他书籍相比，本书有以下特点：

第一，理论与实践相结合。纵观国内有关英语实用文体翻译的书籍，有的只重视翻译理论的论述而忽略翻译实践的编写，有的只重视翻译技巧的讲解而忽略翻译理论的阐述。本书将翻译的理论与实践完美结合，全书以“实用”“翻译”“文体”为主线，全面系统介绍了翻译的理论，并对具体的实用文体的语言特点、翻译的技巧进行分析和应用，从而真正提高翻译的水平和质量。

第二，实用性强。在各种文体中，本书选用了比较典型的新闻文体、商务英语、科技文体等，这些文体是与日常生活息息相关的。基于此，对这些文体的翻译进行系统阐述，增强了翻译的真实性和实用性。

第三，结构清晰、观点创新。为了达到“与时俱进”的目的，本书最后系统介绍了计算机辅助翻译。有利于读者了解信息时代下翻译的趋势以及灵活运用计算机进行翻译。

由于实用英语翻译研究的国内著作屈指可数，这给本书的编写带来一定的难度。为了增加内容的完整性，本书在编写过程中，吸收了大量与实用英语翻译的最新研究成果，参阅了大量国内外实用英语翻译相关的期刊和文献，在此表示诚挚的谢意！由于时间和个人能力有限，书中难免存在不妥或疏漏之处，恳请业界同仁和广大读者批评指正，不胜感激。

著者

2017 年 10 月

目录

第一章　翻译概论

什么是翻译？有人认为翻译是一门科学，因为它有着自己的内在科学规律；也有人视翻译为一门艺术，因为翻译好比作画，先抓住客观人物的形态和神态，然后用画笔把他惟妙惟肖地表现在画面上；还有人将翻译看作一门技能，因为就其具体操作过程而言，它总是离不开方法和技巧。但是，总的看来，翻译是一门综合性学科，因为它集语言学、文学、社会学、教育学、心理学、人类学、信息理论、生态学等学科特点于一身，在长期的社会实践中已经拥有了自己的一套抽象的理论、原则和具体方法，形成了自己独立的体系，而且在相当一部分语言材料中这些方法正在逐渐模式化。由此可见，视角的不同可以导致人们对翻译性质认识的差异。

第一节　中西方翻译发展历程

一、中国翻译发展历程

(一) 第一个时期

人们对佛经翻译的起源观点不一，一般认为，西汉哀帝刘欣时期的《浮屠经》当为我国最早的佛经译本。大规模的佛经翻译则始于东汉恒帝建和二年（公元 148 年），译者有安息（即波斯）人安清与西域月氏人支娄迦谶（支谶）。安清，字世高，天资聪颖，笃信佛教，精于西域语言且通晓汉语，译有《大安般守意经》等 35 部经书，开后世禅学之源，被尊为中国译经的先驱。所译佛经“义理明晰，文字允正，辩而不华，质而不野，为翻译之首”[1]。支

[1] 慧皎：《高僧传》。

娄迦谶和他的弟子支亮及再传弟子支谦都博学多闻，以翻译佛经闻名于世，当时有“天下博知，不出三支”之说。支谦不仅译经多，而且对翻译理论有精深的研究。其所著《法句经序》是现存最早的翻译理论文章。文中提出了“文”与“质”两种对立的翻译观，并对质派观点做了细致的阐述。

中国第一位本土翻译大家及翻译理论家当推道安。道安（314—385），俗姓卫，常山扶柳（今属河北省）人。他组织翻译了经书 14 部 187 卷，共 100 万余字，还厘定了翻译文体。道安还创造性地总结了翻译规律，提出了著名的“五失本，三不易”的翻译原则。“五失本”即认为前代译经有五种改变原梵文经书的表达方式的情况，“三不易”大体上说因为时间的推移造成习俗的改变、译者才智远不如原经的圣人作者、译者态度精力上的不足三个方面导致翻译很不容易。道安主张直译，他说，他所监译的经卷，要求“案本而传，不令有损言游字；时改倒句，余尽实录”。道安的翻译思想对后世影响巨大。

隋文帝统一中国后，大举兴佛，开启了佛教发展的新高峰。玄奘（600—664 年），通称“唐三藏”“三藏法师”，俗姓陈，名炜，洛阳人，13 岁即落发为僧。于唐太宗贞观三年（629 年）冲破官府的重重阻挠，西去印度学佛求经。17 年间，刻苦学习梵语与西域语言，考察当地风土人情，对佛学研究更是不遗余力。贞观十九年（645 年）学成回国，带回梵文经书 657 部和大量佛物，受到热烈欢迎。随后立即在唐太宗的支持下建立译场，潜心翻译佛经，传播佛学要义。19 年共译经 75 部，1335 卷，占唐代新译佛经半数以上。同时还将《老子》《大乘起信论》等译成梵文，传入印度。他主持的译场有完备的组织，特别注重译文的检查和修改，即使现在来看也是十分科学的，因此成为后世译场的楷模。

据后人研究，玄奘的翻译熟练地运用了补充法、省略法、变位法、分合法、译名假借法、代词还原法等技巧，但其本人对翻译理论却鲜有论述，目前能见到的只有记载于《大唐西域记》序言中的“五不翻”观点，即五种音译的情况。音译即不翻之翻。五种情况是：咒语之类的神秘语，多义词，中国无对应物的词语，通行已久的音译，以及为弘扬佛法需要的场合。尽管“五不翻”主张精到全面，但与玄奘在翻译实践上取得的成就相比，还是很不相称的。

玄奘以后，佛教活动逐渐走向平淡，以潜在方式成为中国文化深层结构的一部分，佛经翻译日趋衰落。北宋译经尚有余响，南宋以后则几近销声匿迹了。

（二）第二个时期

从16世纪初叶起，葡萄牙、荷兰、西班牙、英国等欧洲资本主义国家的殖民主义者就开始相继对我国东南沿海进行海盗掠夺。与此同时，西方的耶稣会传教士也先后进入中国进行宗教活动，从16世纪末到18世纪持续近200年时间，这些传教士的使命就是向东方进行宗教扩张。在传教的同时，他们向中国人介绍了大量的自然科学知识。他们翻译了一些天文、数学、机械等自然科学著作，使中国人首次接触到西方科学技术知识，开阔了视野，增长了见识，并对中国以外的事物有了感性的认识。这一时期，意大利人利玛窦（Ricci）与我国近代科学的先驱徐光启合作翻译的《几何原本》前六卷最具代表性，影响最大。利玛窦，意大利传教士，学习过汉语，对中国文化有一定的认识和了解。他外表儒雅，会说中国话，熟知“四书”“五经”，1583年来中国后，很快为明清之际中西文化交流打开了新局面。徐光启，中国近代科学的先驱人物，杰出的爱国科学家和科学文化的领导者，是最早将翻译的范围从宗教、文学扩大到自然科学的翻译家。他认为，科技翻译就是吸取别国多年积累的科技成果，尽快地为我所用，以此壮大自身。利玛窦还与另一些近代科学的先驱人物如李之藻、杨廷筠、叶向高等人合作，翻译了一些有关天文、历算和其他自然科学的书籍。1857年，英国人伟烈亚力（Alexander Wylie）与中国著名翻译家李善兰合作翻译了《几何原本》的后九卷，延续了几乎中断200年的科技翻译。据不完全统计，耶稣会传教士在华200年间，共翻译西书437种，其中宗教书籍251种，自然科学书籍131种，人文科学55种。这些科学书籍对于普及西方科学知识、促进中国自然科学的发展具有一定的积极作用。

（三）第三个时期

第三个时期指鸦片战争至新中国成立这个时期。这一时期的一个显著特点就是翻译的主体发生了变化。第一个时期的翻译主体多是西域高僧，第二个时期是耶稣会传教士，第三个时期则是中国的知识分子，这一特点在甲午战争后更加明显。近代以来，不少仁人志士为了强国，加强了对西方科学技术的学习和研究。政府开办了不少外文学校，同时向国外派遣留学生。像京师同文馆内就设有英文馆、法文馆、俄文馆，后增加德文馆，成为我国第一所培养外语人才的专门学院。而后又有上海方言馆和广东方言馆。此外，教会学校和新式学堂也设有外语专业和外语课程，培养了大批外语人才。同时，一大批留学美国、欧洲、日本等地的学生也成为这一时期翻译的主体。

这一时期的翻译，除个别是几个人合作，如典型代表人物林纾外，绝大部分的翻译均脱离了合作的方式而由个人独立完成。其中绝大部分作品是文学翻译作品。从近代翻译的历程看，首先是科学翻译，而后是社会科学翻译，最后是文学翻译。文学翻译虽来得较迟，却对我国的翻译产生了深远的影响。

（四）第四个时期

中华人民共和国成立后，翻译呈现另一番景象。翻译遵循党的文艺方针，强调为社会主义服务。从新中国成立到1966年的17年间，文学翻译以苏联等社会主义国家作品及亚非拉国家作品的译介为主。俄国古典文学、批判现实主义文学、苏联现当代文学的重要作家都有译介，甚至列夫·托尔斯泰（ЛевНиколаевичТолстой）、高尔基（МаксимГорький）、奥斯特洛夫斯基（Nikolai Alexeevich Ostrovsky）等名家的作品几乎全部译出，翻译家有吕荧、刘辽逸、汝龙等。

翻译事业于改革开放中迎来了自己的春天，大大拓宽了翻译的范围，提高了翻译的质量，规模之大、影响之广不亚于历史上任何一次翻译高潮。可以说，没有翻译，就没有新时期各个文化领域的大发展。

二、西方翻译发展历程

（一）古代时期

西方古代第一部重要的译作是《圣经·旧约》的希腊语译本。这个时期，翻译家们大都根据自己的翻译实践对翻译进行分析和论述，主要集中在直译还是意译这类问题上。奥古斯丁（Saint Aurelius Augustinus）是与哲罗姆（Jerome）同时代的神学家、哲学家，对翻译理论有许多深刻的见解。他认为，翻译的基本单位是词；翻译有三种风格，朴素、典雅、庄严，其选用取决于读者的需求。他从亚里士多德（Aristotle）的“符号”理论出发，认为忠实的翻译就是能用译入语的单词符号表达源语单词符号指示的含义，即译语词汇和源语词汇具有相同的“所指”。这套理论对后世有深远的影响。

（二）中世纪时期

中世纪时期即西罗马帝国崩溃至文艺复兴时期。英国阿尔弗雷德（Alfred the Great）国王（849—899）是一位学者型的君主，用古英语翻译了大量的拉丁语作品，常常采用意译法，甚至近于创作。11、12世纪，西班牙中部地区的托莱多形成了巨大的“翻译院”，主要内容是将阿拉伯语的希腊作品译成拉丁语，接续欧洲断裂的文化传统。中世纪末期出现了大规模的民族语翻译，促成了民族语的成熟。英国的乔叟（Geoffrey Chaucer）翻译了波伊提乌（Anicius Manlius Severinus Boethius）的全部作品和薄伽丘（Giovanni Boccaccio）的《菲洛斯特拉托》等，俄国自基辅时期起翻译了不少希腊语和拉丁语作品，其著名的翻译家有莫诺马赫（Владимир Мономах）、雅罗斯拉夫（Ярослав I Владимирович Мудрый）等。翻译理论的代表人物有罗马神学家、政治家、哲学家和翻译家曼里乌·波伊提乌。他提出翻译要力求内容准确，而不要追求风格优雅的直译主张和译者应当放弃主观判断权的客观主义观点，这在当时产生了较大的影响。

（三）文艺复兴时期

从14世纪至17世纪初，西方翻译进入繁荣时期，产生了许多具有代表性的翻译家和有影响的翻译理论。英国翻译题材广泛，历史、哲学、伦理学、文学、宗教著作，无所不及。查普曼（Chapman）先后翻译了荷马史诗《伊利亚特》和《奥德赛》，成就卓越。

语言学家、人文主义者多雷（Doré）在其《论如何出色地翻译》中提出了翻译的基本准则：译者要完全理解翻译作品的内容；要通晓所译语言；语言形式要通俗；要避免逐字对译；要注重译文的语言效果。德国主要有路德（Luther）的《圣经》翻译，遵循通俗、明了、大众化的原则，在官府公文的基础上吸收了方言精华，创造了本民族普遍接受的文学语言形式，为德国文化的发展做出了杰出贡献。

总体而言，这一时期对翻译的认识和讨论十分激烈，由此奠定了西方译学的理论基础。

（四）近代时期

从17世纪至第二次世界大战结束的近代时期是西方翻译的黄金时期。1611年，英国出版了《钦定本圣经》，译文质朴典雅，音律和谐，是一部罕见的翻译杰作。

这个时期的翻译理论较为全面、系统，具有普遍性。其代表人物有：英国的约翰·德莱顿（John Dryden）、亚历山大·弗雷泽·泰特勒（Alexarlder Fraser Tvtler），法国的夏尔·巴托（L' abbe Charles Batteux）。德莱顿对翻译进行了较为系统、全面的研究，认为翻译是一门艺术，译者必须掌握原作的特征，服从原作的意思，翻译的作品要考虑读者的因素。同时还将翻译分为三大类：逐字译、意译和拟作。泰特勒在1790年撰写的《论翻译的原则》一书中提出著名的“翻译三原则”：

（1）译作应完全复制出原作的思想。

（2）译作的风格和手法应与原作保持一致。

（3）译作的语言应具备原作的通顺。

进入19世纪，德国逐渐成为翻译理论研究的中心。代表人物有神学家、哲学家施莱尔马赫（Friedrich Daniel Ernst Schleiermacher），文艺理论家和翻译家施雷格尔（Schlegel），语言学家洪堡特（Humboldt）。翻译研究的重点集中在语言和思想方面，逐步形成了一定的研究方法和翻译术语，从而把翻译研究从某一具体篇章中抽象分离出来，上升为“阐释法”。这种方法由施莱尔马赫提出，施雷格尔和洪堡特加以发挥。施莱尔马赫在《论翻译的方法》一文中较为全面地论述了翻译的类型、方法、技巧，形成了比较系统的翻译理论，在19世纪产生了重大影响，至今仍具有一定的现实意义和作用。其主要内容包括以下几点：

（1）翻译分为笔译和口译。

（2）翻译分真正的翻译和机械的翻译。

（3）必须正确理解语言思维的辩证关系。

（4）翻译有两条途径，一条是尽可能忠实于作者，另一条是尽可能忠实于读者。

（五）现（当）代时期

西方现（当）代翻译理论时期指从第二次世界大战结束至今，这一时期在翻译范围、形式、规模和成果方面都是历史上任何时期都无法比拟的。翻译理论研究在深度和广度方面亦取得了突破性的进展。这一时期，由于受现代语言学和信息理论的影响，理论研究被纳入语言学范畴，带有较为明显的语言学色彩；同时，由于在理论研究中文艺派的异常活跃，又使翻译理论研究带有明显的人文特征。所以，翻译理论的研究大都走科学与人文结合的道路。而且，翻译研究更加重视研究翻译过程中所有的重要因素，包括语言使用者的社会因素等，以及它们之间的相互关系和产生的相互影响，并以此解决翻译中的各种问题，使翻译这门学科具有较为成熟的学科特征。

第二节 翻译的界定

一、国内学者对翻译的界定

翻译在我国的历史十分悠久，不同的学者更是对翻译的含义有着不同的看法。

学者刘宓庆认为，“翻译的实质是语际的意义转换”。

学者许钧给翻译下的定义为：翻译是以符号转换为手段、意义再生为任务的一项跨文化的交际活动。

学者王克非为翻译下的定义是：“翻译是将一种语言文字所蕴含的意思用另一种语言文字表达出来的文化活动”。

学者林汉达提出，“正确的翻译就是尽可能地按照中国语文的习惯，忠实地表达原文中所有的意义”。

学者张培基给翻译下的定义为：翻译是运用一种语言把另一种语言所表达的思想内容准确而整体地重新表达出来的语言活动。

学者孙致礼主张：翻译是把一种语言表达的意义用另一种语言传达出来，以达到沟通思想情感、传播文化知识、促进社会文明，特别是推动译语文化兴旺昌盛的目的。

学者曹明伦认为，翻译“是把一种语言符号或信息编码表达的意义用另一种语言符号或信息编码表达出来的富有创造性的文化活动，它包括语内翻译、语际翻译和符际翻译”。

二、国外学者对翻译的界定

关于翻译的定义，国外学者也从不同的角度进行了界定。

纽马克（Peter Newmark）给出的翻译的定义为：“Translation is a craft consisting in the attempt to replace a written message and/or statement in one language by the same message and/or statement in another language. Translating is rendering the meaning of a text into another language in the way the author intended the text.”

奈达（Nida）强调语义，他认为，“Translation consists in reproducing in the receptor language the closest natural equivalent of the source language, first in terms of meaning and secondly in terms of style."

哈蒂姆和梅桑（Basil Hatim&Lan Mason）从交际理论的角度给翻译下定义时，关注了翻译发生的“社会文化语境”（socio-cultural context）对翻译活动所产生的影响和制约作用，因此他们将翻译定义为“翻译是一种在某社会语境中发生的交际过程。”

通过中外学者对翻译的界定可以总结出，翻译既是一门科学，同时又是一门艺术。翻译的科学性主要体现在：它有着自己明确的理论体系和规律，同时在翻译的过程中还要符合一定的标准。翻译的艺术性主要是由于翻译是在源语的基础上，在译语中进行的再创造。

在实际的翻译过程中可以发现，翻译是一门跨学科的综合性学科，同语言学、社会语言学、语义学、语用学、文体学、跨文化交际、心理学等有着不可分割的关系。简言之，翻译是译者设法将一种语言所传递的信息用另一种语言表达出来的跨文化交际行为。[1]

第三节 翻译的分类与标准

一、翻译的分类

（一）根据不同翻译角度分类

1. 根据翻译性质分类

根据翻译的性质或手段，翻译可分为人工翻译和机器翻译（machine translation）。

人工翻译又可分为口译（oral translation 或 interpretation）和笔译（written translation 或 translation）。机器翻译是现代智能科学和现代对比语言学相结合的产物，机器翻译能够在相关领域代替人工翻译，是翻译手段的一种革新和发展。

2. 根据翻译处理方式分类

根据翻译的处理方式，翻译可分为全译（full translation）、摘译（partial

---

[1] 武锐．翻译理论探索［M］．南京：东南大学出版社，2010.

translation）和编译（translation plus editing）。

全译是指对原文文本的语篇和内容进行完整的翻译，是在翻译实践中最常见的翻译方式。摘译是指根据译文使用者的需要，仅对原文文本的某些部分进行选择性翻译，如仅译出某些章节、段落或句子。编译则是指在对原文文本完整地或有选择性地翻译的同时，对译文内容进行进一步的加工、取舍、调整、扩展或重组。

3. 根据译者的文化姿态分类

根据译者在翻译时所采取的文化姿态，翻译分为归化翻译和异化翻译。

归化翻译是指把在源语文化语境中自然适宜的成分翻译成为在译入语语言文化语境中自然适宜的成分，使得译入语读者能够立即理解。异化翻译是直接按照源语文化语境的适宜性翻译。可见，归化翻译其实就是我们通常所说的意译，而异化翻译就是我们通常所说的直译。

（二）著名学者对翻译进行的分类

1. 卡特福德（Catford）的分类

（1）根据翻译的层次，即语法、词汇、语音、词形等，翻译可分为完全翻译（total translation）和有限翻译（restricted translation）。

完全翻译是指源语的语法和词汇被等值的译语的语法和词汇所替换。有限翻译则是指源语的文本材料仅在一个层次上被等值的译语文本材料所替换。

（2）根据翻译的范围，可将翻译分为全文翻译和部分翻译。

全文翻译是指源语文本的每一部分都要用译语文本的材料来替代。部分翻译是指源语文本的某一部分或某些部分是未翻译的，只需把它们简单移植到译语文本中即可。部分翻译并非节译，而是某些词因为种种原因不可译或不译，只能原封不动地搬入译文。

（3）根据语言的等级，即词素、词、短语或意群、分句或句子，可将翻译分为逐词翻译（word-for-Word translation）、直译（literal translation）和意译（free translation）。

2. 雅各布逊（Jakobson）的分类

学者雅各布逊认为，翻译是用另两种语言解释原文的语言符号。（Translation is an interpretation of verbal signs by means of some other language.）

雅各布逊在《论翻译的语言学问题》中，从符号学的角度，即按所涉及的两种代码的性质，将翻译分为语内翻译（intralingual translation）、语际翻译（interlingual translation）和符际翻译（intersemiotic translation）。

二、翻译的标准

(一) 国内的翻译标准

1. 化境论

钱钟书先生认为，文学翻译的最高标准是“化”。他指出，“把作品从一国文字转变为另一国文字，既不能因语言习惯的差异而露出生硬牵强的痕迹，又能完全保存原有的风味，那就算得上人于化境了”。他还说，“好的译文应当仿佛是原文作者的译入语写作”。

2. 信顺说

鲁迅是中国近现代最伟大的文学家、思想家和革命家。对于翻译标准，他主张“信顺”兼顾。他在《且介亭文二集》中指出，“凡是翻译，必须兼顾两面：一当然力求其易解，一则保持原作的丰姿”。针对当时过分意译而“牛头不对马嘴”的胡译、乱译，他提出了“宁信而不顺”的原则。他认为既然是对异国语言文化的翻译，翻译就要有异国情调，就是所谓的“洋气”。

3. 忠实、通顺、美

林语堂在其《论翻译》中提出了“忠实、通顺、美”的标准。这一提法实质上是将严复的标准进行了继承与拓展，用“美的标准”代替了严复“雅”的标准。他认为译者不但要求达义，并且要以传神为目的，译文必须忠实于原文之字神句气与言外之意。

综上所述，对翻译的原则不同的学者观点也不尽相同。但是对其进行总结可以发现，翻译的标准在时代的发展中都带有一定的局限性。目前，我国的翻译标准为“忠实、通顺”。

“忠实”是翻译中最重要的原则，指译文不仅忠实原作的内容，同时还要尽量保持原作的形式与风格，译者应忠实而确切地传达作者的思想，译者没有权利为了满足自己的喜好而随意改变原作的意思。“通顺”则要求译文与原文一样流畅、自然，译文必须用明白晓畅的现代语言，文理通顺、结构合理、逻辑关系清晰，没有语言晦涩的现象。

忠实与通顺之间的关系十分密切。忠而不顺，读者读不懂，也就谈不上忠；顺而不忠，失去原作风格、内容，通顺也就毫无意义。因此，译者必须在透彻地理解原作的基础上，把所理解的东西用译语加以确切表达。翻译要求在忠实于原作内容的前提下，力求译文形式的通顺，同时还要在译文通顺的前提下，尽可能做到忠实于原作的形式。

（二）国外的翻译标准

1. 泰特勒的翻译三原则

泰特勒在其《翻译的原则》一书中提出关于翻译的三条基本原则，具体内容如下。

（1）译文应完整地再现原作的思想内容。（That the translation should give a complete transcript of the ideas of the original work.）

（2）译文的风格、笔调应与原作的性质相同。（That the style and manner of writing should be of the same character with that of the original.）

（3）译文应像原文一样流畅自然。（That the translation should have all the ease of the original composition.）

泰特勒认为，译文不应该只强调原文的语言特征，而应该与原文在思想、风格、笔调、行文等方面保持一致。只有在忠于原文的内容、文风以及表达的情况下，才能使译文在内容、神韵和形式上与原文保持一致。泰特勒的翻译三原则对当前的翻译实践依然意义重大，这三个原则也普遍被国内外翻译界看作翻译的基本原则。

2. 奈达的“读者反应”

奈达主张把翻译的重点放在译文读者的反应上，应当把译文读者对译文的反应和原文读者对原文所可能产生的反应进行对比。关于翻译的实质，奈达认为“翻译的实质就是再现信息”。奈达认为，判断译作是否译得正确，必须以译文的服务对象为衡量标准。他主张“衡量翻译质量的标准，不仅仅在于所译的词语能否被理解，句子是否合乎语法规范，而在于整个译文使读者产生什么样的反应”。因此，奈达主张译出各种不同的供选择的译文，让读者检验译文是否明白易懂，所以一个好的译者总是要考虑对同一句话或一段文章的各种不同的译法。总之，奈达把读者因素纳入翻译标准里，对翻译标准研究影响重大。

3. 费道罗夫（Fedorov）的确切翻译原则

苏联的翻译理论家费道罗夫提出了“确切翻译原则”，他认为翻译的确切性就是表达原文思想内容的完全准确和在修饰作用上与原文的完全一致。其核心内容就是“等值论”或等值翻译。费道罗夫认为，以下两项原则对于一切翻译工作者来说都是共通的。

（1）翻译的目的是尽量确切地使不懂原文的读者（或听者）了解原作或讲话的内容。

（2）翻译就是用一种语言把另一种语言在内容与形式不可分割的统一中

也已表达出来的东西准确而完全地表达出来。

费道罗夫是第一个从语言学角度对翻译理论进行系统研究并向传统翻译理论研究发起挑战的学者，他坚持认为译文与原文之间完全可以确立确切对等的关系。

第四节 翻译的过程

一、理解阶段

（一）理解语言现象

1. 理解词汇含义

英语词汇有很多都是一词多义。这就是说，同一个英语词汇在不同的语言环境中有着不同的含义。在翻译这类词语时，不仅应该熟知词汇的一般含义，还要结合具体的语境对词汇的引申含义进行细致分析。

例 1：Sometimes you might think the machine we worship make all chief appointments, promoting the human beings who seem closest to them.

译文：有时你可能认为，一切重要的官职都是由我们所崇拜的当权人物任命的，他们提拔那些似乎与他们最亲近的人。

在对译文进行翻译时，如果将原文中的 machine 翻译为其本意“机器”，会使译文十分难懂，并且不符合逻辑。对原文进行分析可以发现，句中的代词 them 指代 machine，这就说明 machine 一词在句中是一集合名词。根据句中的动词 make 和 promoting 引导的分词短语这一具体的语境，说明 machine 一词在此处是有生命的、有思想的，因此应该翻译为“核心人物”或“当权人物”。

在具体的翻译实践过程中，由一词多义现象可以引起很多歧义。这种歧义主要有以下几个方面。

（1）专有名词先天性歧义。

（2）普通名词先天性歧义。

（3）普通词语结合后产生新义。

（4）普通词语与专业术语的词义混淆。

2. 理解句法结构

在表达同一种含义时，英汉民族可能会采用不同的句法结构。因此，在翻译实践中，译者需要对原文的句法结构进行理解和分析，从而找出适合译入语的句法结构，进行正确的句意表达。

例2：There was no living in the island.

译文：那岛不能居住。

要想正确翻译原文，需要准确理解英语中句型“there is no... +动名词”的意思，这一句型实际上相当于“we cannot+动词原形”或“it is impossible to do...”。因此，原文如果译为“那岛上无生物”就是不正确的。

在对原文进行翻译时，首先应该对原文的句子脉络进行了解。通过观察可以发现原文是一个比较长的复合句，由一个主句和两个独立的结构组成。在主语中还包含了一个定语从句。主句传递主要信息，第一个独立结构与主句意义上有隶属关系表伴随动作，第二个独立结构还带一个状语从句，并且在形式上与第一个独立结构并列，但意义上隶属于第一个独立结构，说明第一个独立结构中 timber 的状态。通过对原文句子成分和结构的分析，在翻译时译者就能准确把握原文脉络，从而为下面的翻译打好基础。

（二）理解逻辑关系

在一定程度上说，翻译实践也是对译者思维活动的锻炼。汉语的句法重意合，句中的各意群、成分往往通过内在的联系贯穿在一起，至于内在的主从或并列须由读者自己去体会。而从句子的整体上看，意思很清楚。英语的句法则重形合，句中各意群、成分的结合及其相互关系都用适当的连接词和介词来表达。因此，翻译时必须首先从逻辑上弄清楚句中各部分在意义上的关系，然后再按照目的语的语法规范和表达方式加以处理。

例3：Rust is an abrasive and can cause damage to the injection components.

译文：铁锈具有磨蚀作用，所以能损坏喷射元件。

在英语中，and 是一个连词，常用来表示并列关系。但除此之外，它还可以表示其他含义，如表示隐含的因果关系。从原文想传达的逻辑联系来看，“腐蚀作用”是原因，“损坏”是结果，两者是因果关系而不是并列关系。因此，此例中的 and 应译为“所以”而不是“并且”。

二、分层阶段

（一）文本层次

1. 文本内层次的划分

早在古代，中国和希腊就有文本层次的论述，主要是阐述文学文本中言、意、象之间的关系，这种层次的划分主要是文本内层次的划分。

在西方，现象学家英加顿（R. Ingarden）将文学作品的构成要素划分为五个层次：字面层、词和句的意义单元层、客体的图式化观象层、被再现客体层、形而上学性质层。这五个层面逐层深入、彼此沟通、互为条件，成为一个有机的统一体。

在我国，以童庆炳的“三分法”最具代表性，他把文学作品的构成概括为文学话语层、文学形象层、文学意蕴层。这样的划分大大丰富与细化了传统上对文学作品“理解”的层次与内涵，为翻译和翻译研究奠定了基础。

2. 文本外层次的划分

从文本外层次也可以对文本进行划分。根据埃文-佐哈（Itamar Even-zohar）的“多元系统”理论，翻译现象不是孤立的文本翻译行为，翻译行为本身还会受到其他系统和因素的影响，即文本外因素（extratextual factors）的影响，如赞助人、意识形态、诗学等。因为在翻译过程中，如果语言层面的考虑与意识形态或诗学层面的考虑相冲突，最后胜利的还是意识形态或诗学，语言的考虑让位于后者。[1]

（二）语篇层次

语篇是通过衔接和连贯获得的。所谓“衔接”，即词语连接，是指语篇内各个部分在语法或和词汇方面的联系，是语段、语篇的重要特征。而“连贯”是指以信息出发者和接受者双方共同了解的背景为基础，通过逻辑推理达到语义的连贯，它是构成话语的重要标志。每一种语言都有自己独特的衔接方式。

英语的行文过程中，要靠多种衔接手段达到文本的连贯性，但汉语行文中并非如此，只要意义连贯，行文表面上是否衔接（有连接词）无关紧要。因此，在翻译时切不可盲目地完全照搬原文的衔接方式，而需要在充分理解原文的基础上，采用地道的译入语的衔接方式去组织译文。

三、表达阶段

（一）内容和形式的关系

在翻译和翻译研究中，内容和形式是其研究的中心问题。无论是我国古代的“文、质”说，近代的“信、达、雅”说以及现代的“神似”“化境”论，还是西方泰特勒的“翻译三原则”以及奈达的“功能对等”理论，无一不是

[1] 谢天振．中西翻译简史［M］．北京：外语教学与研究出版社，2009.

围绕如何在译文中有效地转译出原文的内容与形式来展开论述的。

任何语篇都是内容与形式的统一体。内容的表达需要借助一定的形式，特定的形式往往表达特定的内容。因此，要做到忠于原文，译者既要善于移植原文的内容，还要善于保存其原有的形式，力求形神俱备。所谓形式，一般包括作品的体裁、结构安排、形象塑造、修辞手法等，译文应尽可能将这些形式表现出来，借助“形似”更充分地表达原文的内容。

（二）直译和意译的关系

1. 直译

直译是在译文语言条件许可的情况下，既保持原文的思想内容，又尽可能保持与原文语言形式相对应的翻译方法。原文语言形式包括词序、语序、修辞方法、比喻、形象和民族地方色彩等。[1]

需要指出的一点是，对原文进行直译，并不意味着对原文进行一句一句的死译。直译也需要根据具体的情境和文体特点进行适当翻译。

2. 意译

意译是指根据原文大意来翻译，不进行逐字逐句的翻译。也就是说，意译强调的是“神似”而不注重原作的形式，译文可以不拘泥于原文在词序、语序、语法结构等方面的形式，自然流畅即可。

但是也要注意，意译并不是根据译者的主观想法随便乱译，不能随意删减原文内容，更不能随便增加原文内容。

四、校改阶段

（一）校改的任务

需要说明的是，校改阶段并不是简单的改错阶段，译者需要对这个阶段加以重视。在校改阶段译者需要完成的任务主要有下面两个。

1. 检查译文是否精确。
2. 检查译文是否自然简练。

（二）校改的内容

在实际的翻译校改阶段，译者需要注意校改以下几个问题。

1. 校核译文在人名、地名、日期、方位、数字等方面有无错漏，标点符

[1] 杨贤玉．英汉翻译概论［M］．北京：中国地质大学出版社，2010.

号是否使用准确。

2. 校核译文的段、句或重要的词有无错漏。

3. 检查成语以及其他固化的表达结构，包括各种修辞手法和修辞习惯等方面有无错漏。

4. 力求译文没有冷僻罕见的词汇或陈腔滥调，力求译文标点符号的使用正确无误。

5. 检查译文的逻辑关系是否清晰。

6. 检查译文的风格是否与原文的风格一致。

（三）校改的次数

一般情况下，译文必须校改两遍以上。第一遍着重校核内容，第二遍着重润饰。润饰是为了去掉初稿中的斧凿痕迹，即原文对目的语的影响或干扰，使译文自然流畅，更符合目的语的习惯。通常的做法是先抛开原文，以地道的、目的语的标准去检查和衡量译文，并进行修改和润饰。如果时间允许，再把已校核两遍的译文对照原文通读一遍，进行最后一次的检查、修改，务必使所有问题都得到解决，这样译文才算是定稿。[1] 此外，如果条件许可，最好能请别人挑挑错，因为译者本人往往受自身思维模式的束缚，很难发现自己的错误。译者还可以在校改完之后将译文放置几天，再拿出来看时或许又会发现一些之前没发觉的问题。

[1] 张培基．英汉翻译教程［M］．上海：上海外语教育出版社，2009.

第二章　实用英语翻译的理论基础

随着经济全球化和文化多元化的发展，中国对外交流日益频繁。英语是世界上使用最为广泛的语言，在国际交流中扮演着愈来愈重要的角色。尤其是实用英语的翻译更是在国际交流中起着不可替代的作用。本章主要立足于实用英语翻译的理论，对实用英语的基本内涵以及相关理论进行系统的分析和论述。

第一节　实用英语的内涵

一、实用英语的提出

20 世纪 90 年代初期开始，我国高等专科（后改为高职高专）公共英语教学领域兴起了一场教学改革，改革的焦点是专科英语教学是继续照搬本科大学英语教学模式，还是走出一条切合专科教学自身特点的路子来？经过大量调查研究和反复论证，人们对高职高专英语教学如何定位形成了共识。

高职高专是我国高等教育的一个特殊层次，目的是培养能适应生产、建设、管理、服务等第一线而要的应用型人才。高职高专英语教学必须符合高职高专的整体培养目标，教学内容和方式方法应该从自身的实际出发，注重实效，突出实用性，走出以往“为打基础而打墓础”的误区，做到“边学边用”“学用结合”，把传授语言知识、训练语言技能和培养在实际业务工作中应用英语的能力有机地结合起来。于是便形成了“实用英语”的基本概念。

二、实用英语的基本含义

实用英语是一个广义的概念，如何结合高职高专英语教学实际，把培养学生实际应用英语的能力落到实处呢？刘鸿章认为，结合专业主要是指教给学生以英语为工具处理业务工作所需要的语言技能和典型的表达方式：教授这些技能和表达方式中具有共性的部分就是英语课程的任务。这就是我们所指的实际使用英语的能力。刘鸿章教授的观点代表了高职高专英语教学改革的指导思想，因此原国家教委于 1993 年颁发的《普通高等专科英语课程教学基本要求》（以下简称“高专《基本要求》”）指出，高等专科英语教学应在重视语言共核的同时，重视语言技能的培养，突出实际应用。其教学内容要强调“以应用为目的，以必需、够用为度”。

1995 年高等教育出版社出版发行的《实用英语》较好地体现了这一指导思想。但随着时代的前进，无论是高专《基本要求》还是《实用英语》逐渐暴露出其局限性。还需要进一步与学生专业相结合，更好地体现实用性。

由高职高专英语课程教学指导委员会主持研制的《高职高专教育英语课程教学基本要求（试行）》《以下简称“高职《基本要求》”）在充分总结经验和进一步调查研究的基础上，在突出实用性方面取得突破性进展，以“交际范围表”的形式对实用英语做了具体描述，见下表所示。

交际范围表

	听说	读译	写
日常交际	1. 课堂交流 2. 日常交际：介绍、问候、感谢、致歉、告别、指路；天气、学习、爱好、饮食、健康等。	阅读与翻译一般题材的文字阅读与翻译一般题材的文字商贸、文化、生活等。	日常题材的短文

续表

	听说	读译	写
业务交际	1. 一般涉外活动 （1）迎送 （2）安排日常活动 （3）安排住宿 （4）宴请与迎送会 （5）陪同购物 2. 一般涉外业务 （1）面试 （2）介绍公司/工厂；历史现状 （3）介绍产品：类型、性能、规格、市场等 （4）业务洽谈：合作意向、投资意向、签订合同、人员培训、专家待遇、议价、折扣、佣金、订购、付款方式、交货日期、保险等 （5）主持业务交流会议	1. 业务信函、传真、电子邮件 2. 广告 3. 产品与厂家介绍 4. 维护与使用说明 5. 本专业书籍的前言和正文节选 6. 科技文摘 7. 技术专利 8. 招、投标书 9. 合同、意向书 10. 国际商务、进出口及保险等的单证	1. 表格填写 （1）个人资料表单 （2）业务表单 2. 模拟套写 （1）名片、贺卡、通知等 （2）便条、邀请函及回函 （3）个人简历 （4）简短私人信函 （5）简短业务信函 （6）简短传真和电子邮件 （7）简短广告 （8）简短产品与厂家介绍 （9）简短产品维护及使用说明 （10）合同

这样不仅有利于组织教学，把应用能力的培养贯穿于教学过程的各个环节，同时为编写实用性更强的教材提供了具体的参照依据。2002 年高等教育出版社出版发行的《新编实用英语》就是一个很好的例证。

第二节　实用英语的相关理论

一、能力本位理论与实用英语

（一）能力本位理论

能力本位教育理论（Competence-Based Education，简称为 CBE）起源并流行于 20 世纪 60 年代的北美地区，如今已成为国际最为流行的教育理论，是我国教育教学改革的发展方向。

能力本位理论的基本特征包括：（1）根据岗位需求针对性培养学生相关的实践能力和创新能力，从易到难提高学生综合能力，可操作性强。（2）考虑学生能力和需求差异，以学生为中心，因材施教，不拘泥于书本，教学材料针对性强、形式多样。（3）注重学生能力的培养，教学形式灵活、多样化，提升学生的创造性思维，并科学灵活管理。（4）考评形式多样，以过程考核为主，鼓励学生自学自评。

相比较于传统的基础知识、应试本位的教育，基于能力本位理论的教育能够更有效地为学生将来的就业和工作打下坚实的基础。在能力本位理论模式下，旅游管理和酒店管理等教育应使学生具备特定职业所需的综合能力，使学生在毕业工作后迅速适应岗位的需要，满足社会的需求。

（二）基于能力本位理论的实用英语翻译教学改革

1. 调整实用英语教学目标，加强师资力量、英语教材建设

根据能力本位理论，实用教育应将学生能力作为核心教学目标，随着我国与国外联系越来越紧密，酒店管理和旅游管理专业翻译人才不仅要具备较强的英语阅读能力，还要具备良好的英语听说能力。因此，实用英语教学改革应将全面提升学生英语综合运用能力为教学目标，做到学以致用，突出技能训练，提高职业英语素养，而不是仅仅为了完成学科任务和通过考试。

与此同时，学校应积极主动与国际国内知名旅游、酒店企业建立合作与联系，及时准确有效地掌握酒店管理和旅游管理专业对于英语水平和能力的最新需求和教学素材。注重加强实用英语师资队伍和教材建设，通过引进企业教师参与英语课程设计、教学讲义制作编写以及实用英语课程、ESP 专业英语授课

等全部教学流程，根据旅游、酒店管理职业岗位对职业英语能力的实际要求，校企合作进行课程建设工作，定期让教师下到旅行社，酒店等企业进行锻炼，让教师了解和学习其英语教学对象的专业知识，考取相关职业英语等级证书，为培养学生实践能力和创新能力提供针对性和可操作性的教学，充分体现酒店管理和旅游管理专业的实用英语课程的职业性、开放性和实践性。

2. 课堂教学以学生为中心，充分调动学生英语学习的积极性和主动性

在酒店管理和旅游管理专业实用英语翻译教学中，教师应引入能力本位理论教学模式，改变传统教学中以教师讲解为主的教学模式，将自己调整为教学的组织者和参与者。在英语教学上要根据学生实际英语水平以及旅游、酒店管理岗位的实际需要，采用相适应的教学方法和手段，提高学习兴趣，增强学生的英语实际运用能力。

经过多年的教学实践证明，在课堂英语教学中“以学生为中心”的可操作性强的教学方法和措施主要包括：

（1）任务教学法，即通过让学生完成相应任务来学习掌握英语，学生是整个学习过程的中心和主体。而教师的任务就是针对所要学习的内容以及学生实际情况，围绕旅游管理和酒店管理相关项目设计特定的任务，促进学生运用英语语言解决职业生涯中可能碰到的实际问题，从而达到掌握英语交际能力的目的。

（2）情景式教学法，即教师设计好逼真的旅游、酒店情景，如客人入住酒店、为游客导游服务等，通过让学生扮演客人、游客、导游或者服务员等角色，用英语进行交流和服务，以此激发学生学习英语的乐趣和热情，并且能够最接近真实地体验到旅游、酒店管理工作流程和英语表达技巧.

（3）充分利用网络资源及现代多媒体教学技术，通过运用结合视频音频资料以及英语常用学习软件，增添实用英语教学内容的吸引力，有效提升教学效率，培养学生多媒体自主学习能力，掌握最新最真实的岗位英语信息，比如最新景区英语介绍、酒店外宾服务流程等。

3. 实用英语教学考核方式多元化，注重对学生能力的培养

酒店管理和旅游管理专业实用英语教学的目的是培养学生学会综合运用英语这门语言的能力，因此，实用英语翻译教学考评不应仅以期末考试和结业考试为标准，而是要更加突出英语学习过程和能力考核。本着“能力本位”的教学要求，实行“笔试成绩+听说能力+平时表现成绩”相结合的综合考核方式，听说能力考核可以通过模拟情景对话的形式或者面试形式展开，以此来培养锻炼学生的英语学习能力，包括提高英语阅读能力，综合培养学生独立思考和解决问题的思维能力以及通过互相合作提升学生英语听说能力和交际能力。

二、语言测试理论与实用英语

语言测试是语言教学的重要组成部分。在信息化教学逐渐普及的大背景下，利用试题库进行命题是实用英语课程改革的重要环节。实用英语试题库的构建既可以实现“教考分离”，也能推进标准化考试的建设。在语言测试理论的指导下，提出试题库的建设要遵循一致性、实用性和科学性的原则，并对如何提高试题库的真实性和交互性、信度和效度以及拓宽试题库的使用范围上提出建议。

（一）语言测试理论

语言测试由20世纪初的教育测量学发展而来，它运用心理测量学中的科学测量手段对学习者的语言能力以及教学效果进行客观、公正、准确的评价，其内容涉及教学法、二语习得理论、语言学、语用学、心理语言学、认知心理学、教育测量学、计算机科学等。

语言测试理论经历了四个时期：（1）前科学语言测试；（2）心理测量—结构主义时期；（3）心理语言学—社会学时期；（4）交际语言测试时期。后三个阶段分别对应了语言测试的三种模式，即心理测量—结构主义模式、心理语言学—社会语言学模式、交际语言测试模式。

1. 前科学语言测试或传统语言测试理论

20世纪40年代以前的语言测试统称为前科学语言测试（The pre-scientific language testing），即传统语言测试理论。这个时期中，教师把语言作为一套知识体系来传授，教学重点包括语法、词汇、语音等知识，采用传统的翻译教学法。考试内容常包括语法、词汇、翻译、短文写作等，听力、口语等内容不在考试范围内。

2. 心理测量—结构主义模式

20世纪40年代至20世纪70年代，语言教学受到了美国结构主义语言学和美国行为主义心理的影响，产生了结构主义教学法，如听说法。心理测量语言学认为语言可以分解为语言技能和语言成分，人们运用这些语言技能和语言成分的能力就是一个人的语言能力。

与前科学语言测试相比，它更加注重听说技能，而不是语言知识，尤其是听的技能。著名的语言测试权威Lado把语言能力分为语音、句法、词汇和文化，认为语言考试可通过听、说、读、写四种方式测试语言能力。结构语言模式测试的主要题型有选择填空、词汇填空、完成句子、改错等。

心理测量认为测试应该满足以下两个基本要求：效度和信度。效度是指测试在何种程度卜考察了它想要考察的内容；信度是指测验结果的一致性、稳定性及可靠性。多项选择题具有较高的信度，在此类考试中使用较多，以加强试卷的客观性。

3. 心理语言学—社会语言学模式

Chomsky 在 1965 年提出了语言能力（linguistic competence）和语言行为（linguistic performance）的概念。在此基础上，语言学家提出了语言的功能作用，认为语言的使用能力不仅仅指能够按照语法规则造出形式正确的句子，还应能够在不同语境中合理使用句子，即语言的使用还涉及到了社会文化因素。

这一阶段的语言测试多采用总体综合法（global integrative approach），综合法不再刻意区分各单项语言结构，而注重考察一定语境中的语言综合能力。题型多为综合题，如完形填空、听写、口试、作文等。

4. 交际语言测试模式

1972 年，美国的社会语言学家 Hymes 提出了交际能力（communicative competence）的概念。Canale 和 Swain 提出了“交际语言能力的理论模式”。此理论模式由四个部分组成：（1）语法能力；（2）社会语言能力；（3）语篇能力；（4）交际策略能力。

20 世纪 90 年代，Bachman 又提出了一个全新的交际语言能力模式。他认为，学习者的语言能力应该有更广泛的涵义。交际语言能力就是把语言知识和语言使用的场景特征结合起来，除了对语言知识能系统知识的掌握之外，它还必须包括对句子以外语言使用语境的掌握。语言的交际不只是简单的信息传递，而是发生在情景、语言使用者和语篇之间的动态交互。语言测试时要把涉及交际能力在各种要素结合在一起加以测试，以还原真实情景为准则。

（二）基于语言测试理论的实用英语期末考试试题库构建原则

1. 一致性原则

目前通行的英语语言测试类型大致分为成绩考试、水平考试、学能考试和诊断性考试四种。《实用英语》试题库主要应用于学院《实用英语》课程的期末考试命题组卷工作，这类考试属于成绩考试类型。成绩考试主要用于了解学生在经过一学期的学习后，对教学大纲中所规定的课程要求掌握的情况。

《实用英语》期末考试就是为了检验学生的学习成果和教老师的教学效果，因此，测试的内容必须要与英语课程联系起来，命题内容要与学生使用的教材内容、英语应用能力测试试卷相一致。命题教师要认真研究教学大纲，以《高职高专教育英语课程教学基本要求》和《高等学校英语应用能力考试大纲》为指导，提高试题库内容与实际教学内容的一致性。

2. 实用性原则

语言测试的目的是能够根据被试者的考试分数评价其语言能力。现代语言测试理论认为语言能力不仅指对语言知识的掌握，还指语言在实际情境中的使用情况。因此，在设计考题时必须考虑到语言使用任务和情景，减少单纯对语言知识进行考核的内容，增加职场环境、生活交际等实际情景下的考核。

就高职学生而言，他们的英语使用情境，一是以英语应用能力测试为代表的“考证”类统一测试；二是在未来职场的工作环境中。为了使试卷的考核内容与学生语言使用情境一致，命题教师在构建试题库内容时应以这两类情境的测试内容作为试题库建设的重点，既要考虑到学生“应试”的需要，又要兼顾学生所学的专业，使考察内容尽量与未来工作中的使用情境一致。

目标语言使用任务与测试内容越吻合，测试的实用性就越高。也就是说测试的任务越真实，与目标语言使用任务越接近，测试就越能反应出被测试者的真实语言能力，测试的效度也就越高。这就要求试题库中的语言交际场景是现实生活中存在的，而非虚拟的。因此，考试结果也更能反映考生的实际水平。

3. 科学性原则

试题库建设要坚持科学命题。以往期末试卷的命题工作由英语教师轮流独立承担，由于教师的测试理论水平不一，导致试卷设计、题目难度、知识点覆盖面等很难统一。因此，试题库命题组成员要对备选试题进行集体讨论、审查修改、筛选、入库，以保证试题标准统一，知识点全面。因此，试题库题目数量至少要达到自动生成15套以上内容完全不重合的试卷的规模。

三、行动导向理论与实用英语

1. 行动导向教学理念的起源和传播

行动导向教学理念起源于双元制职业教育的德国。20世纪80年代起，德国职业教育界就开展了行动导向教学的讨论，并成为德国职业教育改革的方向。从根本上讲，德国双元制的职业教育就是一种以“实践为导向”、以职业行为为体系的教育，职业学校的教学计划都是按照企业生产任务的要求来组织教学，注重实践性教学环节，突出职业实践能力的综合培养，理论和实践相结合。随着20世纪末21世纪初中国职业教育的蓬勃发展，这种已经具有实践成果的职业教育教学理念也开始在中国职业教育各个学科和课程当中运行起来。

2. 行动导向教学原则

行动导向教学不仅仅是应用一些实践性的或实践过程完整的教学方法，它更多的是代表了一种基础性的变革。徐朔为行动导向教学归纳出一些原则，本书将之归纳成以下七点：（1）行动能力应在完成具体任务的过程中通过实际的“做”，即“行动”来获得发展，强调“做”的过程中的思考及总结；（2）以学生的经验和兴趣为导向，设计有意义的学习任务和制作有使用价值的行动成果，来激发学生的学习动机，为学生创造尽可能大的决策和行动空间；（3）学习任务应创设尽可能大的交互学习空间，以促进交流与合作；（4）学习任务坚持以职业环境为背景，尽可能完整地反映清晰透明的职业工作过程；（5）引导学生在完成学习任务过程中解决问题时寻求多样化的解决方案；（6）具体的专门知识和一般思考能力对于行动能力的获取是同样重要；（7）消除专业界限和专业分离，提倡完整的与客观职业活动相近的学习过程。

3. “行动导向”理论在实用英语教学实践中已经形成了多种模式

例如：项目教学、案例分析、角色扮演、模拟教学等，其中项目教学是行动导向教学最主要的实践模式。

四、长尾理论与实用英语

（一）长尾理论

“长尾理论”是《连线》的主编 Chris Anderson 在 2004 年提出的新兴营销理论，该理论在营销领域和新兴商业模式的创新方面获得了广泛成功的应用和普遍认可，长尾理论将人们的注意力引向传统营销界往忽略的那条需求曲线的尾部，其也拥有巨大的力量。

长尾理论基本原理在于：只要有足够大流通和存储渠道，销量不佳或需求不旺的产品共同占有的市场份额能够与那些少数主流产品占有的市场份额相匹敌甚至会更大。长尾理论表明：巨量的小众市场聚集起来就能组成匹敌于主流产品市场的大市场。这个理论的重要启示在于：不要仅仅关注主流市场，那些非流行的产品同样可以赚钱；由于庞大的数量，其总体盈利同样能够构成一个新兴的庞大市场。

（二）长尾理论对实用英语翻译人才培养了理念的启示

长尾理论核心思想即为个性化，即为满足个性化差异化的需求，实现个性化的产品定制。实用英语人才培养理念和当前企业对于英语人才需求的关系非常切合长尾理论，即市场和企业复合型和实用型的英语专业大学毕业生需求非常旺盛，而当前绝大多数英语专业毕业生的知识结构和能力水平存在趋同现象，就业难度非常大，而复合型的实用英语专业人才相对缺乏。

因此，高等学校在制定英语专业培养模式的时候应当兼顾到绝大部分学生的个性化需求，树立因材施教和培养人才的教育理念；根据长尾理论当中头部和尾部的关系，争取做到首尾并重，关注“头部”和“尾部”两个层次英语人才的培养，既要注重培养综合性的高素质英语人才，以扩展其“头部”部分，又要强化培养复合型的实用英语人才，以扩展其“尾部”领部分。

然而，高等院校作为集中培养人才的场所，难以实现针对各个学生的个性化差异化培养，但是高校可以尽可能创造条件满足学生多元化的培养需求，通过创造拥有更多发展和选择的教育平台，最大限度激发绝大部分学生的潜能和兴趣，培养出符合当前时代最新要求的大量实用性的英语专业人才。

高等院校的核心培养目标在于培养知识结构合理、基本功扎实、能够满足市场诸多需求的复合型实用英语专业人才。

概括而言，有以下3个改革理念：

一是高等院校应当不断扩展专业选择，在主流的英语语言文学与外贸英语的基础上，增加商务、科技、教育、旅游等英语专业细分方向。与此同时，高等院校可以构建专门用途英语领域的课程，包括科技英语、商务英语、外贸英语、旅游英语、新闻英语、金融英语等。专门用途英语凭借其广阔的应用前景，把基础英语知识和诸多特殊领域整合在一起，是培养复合型实用英语人才的关键途径。而且伴随着信息时代的到来和科技的日新月异，科技英语方向显得尤为重要，高等院校应当强化培养以科技知识和英语基础知识为知识结构主体的科技英语方向的复合型英语人才。

二是课程设置应当注重应用性，学生应当能够依据个人兴趣爱好和就业发展方向选择具体的细分方向，而高等院校则需要提供多样化的课程模块体系，辅助学生选择适合的培养课程，以增强英语专业学生差异化的就业竞争力。

三是制定英语专业培养规划和“3+1”型培养模式，实施定向式培养、中外合作、校企合作等综合培养方案，创建系统化的专业实践体系。

综上所述，实用英语已经十分普及，各种理论对其的指导作用也十分得明显。因此，在了解和掌握了实用英语翻译的理论基础上，后几章对具体的实用英语的翻译进行系统剖析。

第三章 新闻文体翻译

新闻文体是英语中常见的实用文体之一。新闻传播作为一种有组织的大众传播形式，随着现代传播手段的不断更新、变化，已由原来的仅以报刊为主的传播手段逐渐发展成为包括阅读、视听、网络传播在内的多种手段。新闻有其独特的文体特征，因此新闻英语的翻译不同于其他的文体翻译。与其他文体的语言不同，新闻语言的主要特点是：词汇准确、通俗、时效性强；句式结构独特、简明易懂。因此翻译起来，除了要遵循一般的翻译原则外，还应遵循新闻翻译的基本规律。

第一节 新闻简介

一、新闻概述

（一）新闻的概念

汉语中的“新闻”一词最早见于唐代李咸用著作《披沙集》中“旧业久抛耕钓侣，新闻多说战争功”的诗句。南宋《京本通俗小说》中，已经把新闻作为“最新消息”来理解。英语中的“news”一词，源于希腊。在新闻学研究方面，德国、美国和日本曾经是走在世界前列的国家，但是这些国家的学者对“新闻”的定义，却各不相同。美国新闻学家约斯特（Jost）认为：“新闻是已经发生或正在发生的事实的报道”。德国柏林大学道比法特（Bobby Fate）教授的观点是：“新闻就是把最新的现实现象在最短的时间间距内连续介绍给最广泛的公众”。中国第一部新闻学代表作品《新闻学纲要》的作者徐宝璜教授在该书中提出：“新闻者，是最近时间内发生的与人类生存有关联的事实与现象”。

不同的字典对“新闻”一词的定义也不尽相同，《牛津词典》对“新闻”的解释为“新鲜报道”，说“新闻”始于苏格兰詹姆士一世诏书：“我把可喜的新闻带给他”。《Webster 词典》中对“news”的定义为：（1）a report of recent events；（2）a material reported in a newspaper or news periodical or on a newscast.《现代汉语词典》对“新闻”一词的定义则为：（1）报纸、通讯社、广播电台、电视台等报道的消息；（2）泛指社会上最新发生的新事情。

现实生活中经常使用并广为流行的“新闻”一词，具有不同的含义，内容也不确定。概括起来，主要有以下 4 种含义：

（1）泛指社会上普遍存在的一切新闻事物、现象。这是对“新闻”的一种广义理解。

（2）泛指与新闻传媒的传播活动相关联的事物、现象。这也是对“新闻”的一种较为广义的理解。

（3）专指新闻媒体对新闻事实、实践的报道这种行为本身。这是对“新闻”的一种狭义理解。

（4）特指新闻媒体上所报道的那些属于消息类体裁的东西。这种“新闻”实际上指的就是消息。这是对“新闻”最狭义的一种理解。

（二）新闻的本质特点

从上述新闻的含义可知，任何新闻，都会同时具有以下两个本质特点：

（1）新闻是事实的报道，不是理论的抽象，更不是假设或幻想。

（2）新闻是新近发生或发现的，不是世人尽知的旧闻。例如，1941 年 12 月 7 日日本袭击珍珠港，那是当时的新闻；2001 年 9 月 11 日美国世贸大楼被炸也是当时的新闻；但是这些对今天来说，早已经不是新闻，而是历史。

二、新闻的报道形式

一般情况可归为倒金字塔式、正金字塔式、折衷式、平铺直叙式四类写作形式。

（一）倒金字塔式

这种写作方式是目前媒体常用的写作方式。这种模式将新闻中最重要的消息写在第一段，或是以新闻提要的方式呈现在新闻的最前端，有助于受众快速了解新闻重点。由于该模式迎合了受众的接受心理，所以成为媒体应用最为普遍的形式。

这种模式写作的基本格式（除了标题）是：先在导语中写出新闻事件中

最有新闻价值的部分（新闻价值通俗来讲就是新闻中那些最突出、最新奇、最能吸引受众的部分；其次，在报道主体中按照事件各要素的重要程度，依次递减写下来，最后面的是最不重要的；同时需要注意的是，一个段落只写一个事件要素，不能一段到底。

因为这种格式不是符合事件发展的基本时间顺序，所以在写作时要尽量从受众的角度出发来构思，按受众对事件重要程度的认识来安排事件要素，因而需要长期的实践经验和宏观的对于受众的认识。

（二）正金字塔式

这种写作方式是以时间发生顺序作为行文结构的写作方式，刚好与倒金字塔式相反，依序分别是引言、过程、结果，采渐入高潮的方式，将新闻重点摆在文末，一般多用于特写。

（三）折衷式

折衷式又叫新华体，这种写作方式将倒金字塔式、正金字塔式两者进行了折衷，新闻中最重要的讯息仍然在导言中呈现，接下来则依照新闻的时间性或逻辑性叙述。

这种模式的基本格式（除了标题）是：先把事件中最重要的部分在导语中简明地体现出来；然后，在第二段进一步具体阐述导语中的这个重要部分，形成支持，不至于使受众在接受时形成心理落差。因而，第二段实际上是一个过渡性段落；接着按照事件发展的时间顺序把“故事”讲下来。

（四）平铺直叙式

此种写作方式就是注重行文的起、承、转、合，力求文字的流畅精准，此种写作方式反而适合组织在发表声明时使用。

第二节　新闻文体的特点

英语新闻的文体特点可以概括为以下几点：

（1）实事求是，报道客观；

（2）内容具体，避免模糊；

（3）用词简洁，注重时效；

(4) 巧用时态，不拘一格；

(5) 句式多样，避免单调；

(6) 结构清晰，层次分明。

具体来说，新闻文体在内容传递、遣词造句、篇章结构等方面都有别于其他文体，以下从新闻的内容、词汇和句式几个方面来分别进行分析。

一、新闻英语的内容特点

(一) 用事实说话，很少带个人感情色彩

美国德高望重的报刊编辑约瑟夫·普利策（Joseph Pulitzer）对他的记者同僚一再重申："准确，准确，还是准确（Accuracy，Accuracy，Accuracy.）"。对所有的新闻人来说，准确就是新闻的灵魂，是所有记者的责任和骄傲，也是新闻艺术之所在。

在美国，非常著名的一次新闻报道失真事件发生在1918年11月7日。当时的United Press（美国合众国际新闻社）总裁罗伊·霍华（Roy Howard）在和驻法美国海军指挥官亚当·威尔逊（Adam Henry Wilson）谈话中，得知一战结束的消息，立即发电报至纽约总部。United Press马上向全国发布了这条消息，随即大大小小的报纸都迅速刊登了这一消息，全国上下开始疯狂庆祝。不料罗伊·霍华刚刚发出这一消息后，就收到威尔逊（Wilson）的紧急信息，称"该消息尚未确实"。罗伊·霍华马上重新发电至United Press，试图改正错误信息。但是直到11月8号中午，电报才传到美国。实际上，停战协议于11月11日才正式签署。这次事件，导致United Press和罗伊·霍华本人都遭到新闻界的一致谴责。

这一真实的故事告诉我们，新闻的准确性的确至关重要。准确性不仅指事实的报道无误，更有赖于新闻记者和编辑的责任感。新闻记者必须对自己所报道的事情有准确的理解，并在语法、拼写和语言的表达方式等各个方面都做到准确无误，才能够被称为称职的新闻工作人员。

(二) 内容具体、简明，避免模糊

保持新闻内容简单明了，不仅是一门艺术，更是一项技巧。所谓内容简洁明了，指的是在描述具体事件时，新闻篇章的内容和语言清楚、明晰，不易引起歧义。具体来说，表现在以下几个方面。

1. 突出新闻内容，避免因词害意

记者撰稿的时候，总是时刻提醒自己，新闻的目的是为了传递信息。如果

读者迷失在复杂的语言结构之中，又怎么能够留心于内容呢？为了保证读者专注于新闻的内容，而不是辞藻华丽的语言结构，新闻报道往往语言简明，力求突出新闻内容，避免因词害意。以下几个例子中，每例都包含有两个句子，形成对比句式。其中，句②是对句①的修正，比句①更加简洁、明了。

例 1：

①Her Wednesday playwriting course will have a direct impact on this class, as some of the basics can easily be transformed from journalism to theater writing, she believes.

②She says journalism will have a direct impact on her Wednesday playwriting course. The basics will transfer easily.

例 2：

①More and more Americans are recognizing the importance of community-level action Monday in order to improve the health and well-being of their communities and countries.

②Members of more than 100 organizations met Monday to try to improve the health and well-being of communities across the nation.

以上两例中，句①啰嗦累赘，导致语意不明；句②则简明清晰，能够突出新闻事实，更适合用于新闻报道中。

2. 避免主观总结，相信读者判断

马克·吐温（Mark Twin）曾经说过："Don' t say the old lady screamed. Bring her on the stage and make her scream."（不要写一个老太太在尖叫，而是要把她带到台前来让她尖叫。）新闻报道亦如此，新闻工作的一个重要原则，就是避免使用判断性话语或者直接进行总结，避免把自己的观点强加到读者大脑中去。而要通过具体的事实、例证让读者自己进行判断。Terri Brooks 在 *Words' Worth* 一书中，谈到了让读者自己去判断的重要性。他说："When describing feelings, show, don' t tell."（进行情感描写时，需要展示事实，而不是告诉读者这种感受。）例如，在"Tragically, her father died when she was 3."一句中，"Tragically"一词就显得画蛇添足，因为 3 岁丧父绝对是悲惨的事情。再以下面句子为例：

例 3：It is clear that while her career has been very challenging, it has also been extremely demanding.

该例句中"challenging"和"demanding"两个词不是建立在具体的事实之上，有强加之嫌，这样的报道应该给出适当的例子，让读者来判断她的事业多具有挑战性。

例 4：On Sunday, a World War Ⅱ veteran came to attention and saluted; a farmer paused in front of a name, removed his John Deere cap and stood there fighting back tears; a mother placed a Polaroid shot of her two small children near the name of her husband and, drawing the children around her, quietly wept. Others, as they do almost everyday, left behind a single rose, a wreath, across, a small American flag.

这是一则对参观华盛顿越战纪念碑游客的描述。作者并没有说他们面对纪念碑时的感受，只是对他们的动作加以描述。这种“让人物去亮相”的风格可以方便读者自己去判断，避免作者的主观性。

二、新闻英语的词汇特点

做新闻的基本原则是实事求是。为了做到实事求是，新闻工作者必须坚持新闻用语的准确、具体，表现在新闻词汇的运用上，则主要有以下几个特点。

（一）多用有力名词和动词，少用形容词、副词和固定结构

名词和动词是新闻报道中的主力词汇，占有很大的比重。新闻语言多围绕名词和动词构成，形容词和副词的比重相对很少，这是由新闻强烈的事实性特点决定的。如果名词和动词足够有力，那么，形容词和副词的使用就显得多此一举。

新闻中使用的形容词和副词多为支持名词和动词，强调事态的发展程度，而不是为了夸大其词，增加文章的趣味性。除此之外，一些固定结构，比如“There is…”“It is…”等在新闻中显得呆板，除非找不到更好的词或词组，新闻中才会选择这类结构。

例 5：China called the test a “flagrant and brazen” violation of international opinion and said it “firmly opposes” North Korea’s conduct.

该句子主要由名词（violation, opinion, conduct）和动词（called, said, opposes）组成，而形容词（flagrant and brazen）和副词（firmly）则起强调作用，用来体现中国政府对朝鲜核试验的不满程度，而非有意烘托新闻气氛。根据该新闻的语气特色，可以把它翻译为：

中国称这次核试验“悍然”违背国际舆论，并表示“坚决反对”朝鲜的这一举动。

例 6：

①It is imperative that all Society of Professional Journalists members attend the next meeting.

②All Society of Professional Journalists members must attend the next meeting。

译文：所有专业记者协会会员都必须出席下次会议。

句①使用了固定结构“It is imperative that…”（必须……），显得累赘且不直接；而句②则直接用情态动词“must”来替换这一结构，具有简洁、干练的效果。

例7：

①There were tears in her eyes as she accepted the “Outstanding Editor Award”.

②Tears came to her eyes as she accepted the “Outstanding Editor Award”，

比较以上两个句子，不难看出，句②更具有动感，更加生动直接；而句①则因为使用“there be”结构，使句子显得呆板，动感不突出。

译文：她接受“优秀编辑奖”的时候，不禁热泪盈眶。

（二）多用主动动词

新闻报道中使用的动词很多。比起科技、法律等文体，新闻报道中的动词多以主动形式出现，很少以被动形式出现。这是因为，动词的主动形式会让字里行间充满动感，和新闻本身一样，具有快速、有力的特点，能充分体现新闻的现场感和真实性。以下列句子为例：

例8：The report concluded that immigrants add perhaps $ 10 billion a year to the economy.

该句中的两个动词“conclude”和“end”都体现了新闻主动和快速的特点。

译文：报告指出，移民每年带来近100亿美元的经济增长。

例9：Though the 2008 fiscal year began October1，annual spending legislation has not reached the president，s desk，where he would either sign or veto them.

该句中巧妙地使用“reach”一词，表现出动词直接、灵活的特点。

译文：尽管2008财政年从10月1日开始，但是总统目前尚未收到2008年度费用法案。拿到该法案后，总统有权批准该法案，也有权对之进行否决。

例10：On Iran’ s controversial nuclear activities，permanent Security Council member China says diplomacy remains the best option for solving that issue peacefully. Foreign Minister Yang Jiechi，says Beijing opposes nuclear weapons proliferation and supports peace and stability in the Middle East.

除了两次使用动词“say”，该句还使用了两个对立动词“oppose”和“support”，有力地陈述了中国作为常任理事国对伊朗核问题的立场。

译文：在伊朗核问题上，常任理事国中国认为，外交是和平解决该问题的最佳途径。中国外交部长杨洁篪说，北京反对核扩散，支持中东地区的和平与稳定。

第三节　新闻文体翻译原则

不管是英语新闻，还是汉语新闻，基本原则都是一致的，即以传递新闻事实为主。所以，我们可以肯定的是，新闻翻译的第一原则是保留新闻事实，充分传递新闻内容。至于两种语言在新闻报道中各自不同的语言文字风格，在翻译中则需根据各自的语言特点，巧妙转换，以符合目标语言的特色。

一、突出新闻事实，充分传递新闻内容

新闻文本的最大特点就是真实性。对于源语读者和目标语读者来说，关键是及时获取新闻事实。所以，新闻翻译首先应该立足于“真实性”这一原则。可见，新闻翻译之第一任务，就是以“信”为前提，将信息真实、快捷地传递给目标语读者。因为英语新闻的主题句包含的信息最多，我们就以主题句为例来说明信息传递的重要性。

例 11：HONOLULU——Officials began inspecting bridges and roads across Hawaii early Monday following the strongest earthquake to rattle the islands in more than two decades, a 6. 6-magnitude quake that caused blackouts and landslides but no reported fatalities. At least one stretch of road leading to a bridge near the earthquake' s epicenter on the Big Island collapsed, Civil Defense Agency spokesman Dave Curtis said Monday.

该主题句交代了新闻的 5 个“Ws”：

新闻事实（What）：地震发生之后，夏威夷州的官员开始检查整个地区的桥梁路段

新闻发生的时间（When）：星期一一大早

新闻发生的地点（Where）：夏威夷

新闻中的人物（Who）：地方官员；民防局发言人戴维 · 科第斯

事件发生的原因（Why）：20 年以来该地区最强烈的地震横扫夏威夷岛，引起停电、山崩等灾害

翻译时，需要把原新闻信息（即 5 个“Ws”）真实地传递到汉语中。根

据汉语的语言特点，需要对原文的结构进行调整，在目标语中按照时间顺序重新排列新闻，使之符合汉语新闻的报道模式。试译为：

记者从火奴鲁鲁报道，上周发生在夏威夷的6.6级地震造成该岛大面积停电，部分地区出现山体滑坡现象。到目前为止，还没有死亡报道。星期一一大早，该地区官员开始检查各处桥梁路段。民防局发言人戴维·科第斯于周一对外宣称，受地震影响，至少有一段路面塌方，这段路与震中的长岛附近一条河流相连。

可以看出，原英语新闻发生的时间、地点、影响、原因及所涉及的人物在译文中全部交代清楚，新闻信息准确无误，满足了真实传递信息的要求。

例12：UNITED NATIONS，Oct. 13——Ban Ki-moon，the foreign minister of South Korea，was appointed Friday by the General Assembly as the next secretary general of the United Nations，succeeding Kofi Annan.

该新闻的5个"Ws"分别为：

新闻事件（What）：潘基文被任命为下一届联合国秘书长

新闻发生的时间（When）：10月13日

新闻发生的地点（Where）：联合国

新闻中的人物（Who）：潘基文、科菲·安南

事件发生的原因（Why）：联大选举

根据真实再现原文信息的原则，对该英语新闻进行汉译时，译者需充分发挥目标语的优势，在译文中充分再现以上几个基本信息。试译为：

联合国10月13日消息：韩国外交部部长潘基文于本周五被联合国大会任命为下一届联合国秘书长，他将接替现任秘书长科菲·安南。

例13：The U. S. House of Representatives Thursday overwhelmingly approved a $460-billion spending bill for the Defense Department，clearing the way for a vote in the Senate. The measure does not include funds for the wars in Iraq and Afghanistan.

该报道中，新闻事实突出，对新闻所发生的时间、地点等都交代得非常清楚。该新闻中的5个"Ws"分别为：

新闻事件（What）：美国众议院为国防部提供4600亿拨款

新闻发生的时间（When）：星期四

新闻发生的地点（Where）：众议院

新闻中的人物（Who）：众议院成员

事件发生的原因（Why）：（未明确指出）

翻译时，应该充分考虑这5个"Ws"，力求在译文中把新闻事实交代清

楚，从而忠实地传递原文的信息。试译为：

美国众议院星期四通过了给国防部拨款4600亿美元的提案，该决议为参议院的投票扫清了道路。这笔拨款不包括美军在伊拉克和阿富汗的战争经费。

二、发挥汉语语言特点，聚“神”，散“形”

由于英汉两种语言各自的特点，对于任何文体来说，翻译时都需要充分发挥目标语的优势，只有如此，才能更加充分地再现原文信息。所以，英语新闻汉译时，在文体选择、用词技巧等层面，都应该符合汉语的语言规范。

在句式层面上，英语新闻语句联系紧密，主题句尤其如此，因为主题句把很多内容都揉进一个句子中，这样一来，英语新闻中就不乏大句、长句。而汉语新闻句式松散，经常会出现若干无关紧要的句子，这也体现了汉语新闻“形散而神不散”的特点。这些看似松散的句子都在为同一个主题服务，可以深化主题。所以，英译汉时可以尽量发挥汉语的句法特点，打破原来的长句结构，化整为零，以散“形”来聚“神”。

例 14：Preparations are under way for the March start up of digital radio broadcasting, a technology that will offer listeners both high-quality sound and songs now available only on cell phones, as well as data transmission of software and animation, among other services.

这一则科技报道中含有同位语从句（…，a technology that…）、后置定语（now available only…）等成分，使简单句显得复杂且长，突出了英语句式繁杂的特点。汉译时最好化整为零，把这个长句破成几个汉语短句，试译为：

研究人员积极准备，于 3 月份启动数码无线广播。这项技术一经推出，听众就可以通过收音机来收听高质量的音响和歌曲。目前只有蜂窝电话才可以收听高质量的音响和歌曲。数码无线广播还可以给用户带来软件和动画数据传输等各项服务。

原句中虽然只有一个句子，却包含了诸多内容，体现了英语句式“形合”的特点。但是，汉语的语言表现方式刚好和英语相反，汉语中很少使用形式连接手段。所以，这样的英语长句在汉译时需要进行分解。该译文把 1 个英语长句化解为 4 个汉语句子，新闻的思路更加清晰，汉语读者能够更好地理解和接受这一报道，也会对这一新技术产生应有的好奇心和热情。

例 15：Placing bets over the Internet was effectively criminalized by the federal government yesterday, as lawmakers work to eliminate an activity enjoyed by as many as 23 million Americans who wagered an estimated $6 billion last year. (Washington Post：2006-10-14)

译文：联邦政府昨天认定网络赌博为犯罪行为。仅去年一年，就有2300万美国人参与网络赌博，赌资达60亿。立法人员正在制定相关政策，废止网络赌博活动。

英语原句使用连接词“as”和关系词“who”等连接手段，把若干内容串联起来，结构完整，这种显性连接体现了英语语言紧凑的特点。该译文对原句进行拆分后翻译，既符合汉语的表达习惯，又充分传递了原文的信息，可谓通俗达意。

例16：A top Spanish Foreign Ministry official left Madrid early Friday in a jet bound for the impoverished central African country of Chad, where three Spanish flight crew members remained in detention of allegedly plotting to kidnap African children for adoption in Europe, a foreign ministry spokesman told CNN.

这是一个典型的总结型英语新闻主题句，句子采用英语长句中常见的连接手段把几层意思连接在一起：用bound for引导的后置定语、where引导的非限制性定语从句和介词引导的解释性动名词结构“…of allegedly plotting to kidnap…”等手段充分实现了整个句子的显性连接，使之成为一个整体。翻译成汉语时，因为不可能用一个句子来表达所有的意思，所以，需要把原句化整为零，翻译成形散而神不散的汉语新闻句式，从而既保留原新闻的信息，又能够做到译文信息在功能上和原文的对等。试译为：

西班牙外交部一名高级官员于周五乘坐直升飞机离开马德里，前往贫穷的中非国家乍得。外交部发言人告诉美国有线新闻网记者，3名西班牙机组人员因涉嫌蓄意绑架非洲儿童并打算在欧洲进行非法领养活动而被乍得方面拘留，目前尚未获得释放。

三、适当点缀，增加目标语文采

在用词层面上，英语新闻重平实，有一说一，不加赘言。汉语新闻重装饰，经常有一说二，喜欢修饰。鉴于这一特点，英语新闻汉译时，可适当增加修饰内容，增加译文的文采。

例17：Mr. Ban was approved by acclamation of the 192-member body and greeted by sustained applause as he walked onto the rostrum to make his acceptance speech.

译文：与会的192个成员国代表以鼓掌的方式通过潘基文先生出任联合国秘书长。当联合国新当家潘基文走向讲坛作授任致辞时，台下传来经久不息的掌声。

译文为了烘托潘基文当选联合国秘书长时的热烈气氛，特意增加了“新当家”和“经久不息”等具有中国特色的表达，使之更加贴近汉语新闻的报道，给译文增添了许多色彩。

例 18：Zhang Yin is now the richest self-made woman in the world, ahead of US TV celebrity Oprah Winfrey and Harry Potter author J. K. Rowling. She takes over the top position from retail magnate Huang Guangyu of Gome Electrical Appliances.

译文：张茵成为世界上最富有的白手起家的女人，资产超过美国电视明星奥普拉·温弗里和《哈利·波特》的作者罗琳。她取代了中国零售业巨头——国美电器的老总黄光裕，一跃成为财富榜的魁首。

译文中增加“一跃成为”和“魁首”等词来点缀张茵位列富豪榜首位的殊荣，可谓画龙点睛，给译文添色不少。

例 19：The rates of the burden of housing costs were highest in Rhode Island, California, Nevada and Hawaii, but Washington, D. C. has the highest rate, according to the organization.

译文：该组织称，罗德岛、加利福尼亚、内华达和夏威夷等地住房负担普遍较重，居之不易，而首都华盛顿则是重中之重，为全美住房最昂贵的城市。

译文中使用“居之不易”“重中之重”等具有独特汉语表达方式的成语，来体现这些地方住房负担沉重的事实，给人一种“长安米贵，居之不易”的印象，为译文增加了一些活力。

第四节　新闻文体翻译方法

由于新闻文体对客观性的要求，以及中西文化间存在的差异，不理解异语国家历史文化背景、用词特点的读者可能无法领会新闻中妙不可言的精彩之处。因此，在翻译新闻文体时，除了要充分理解新闻文体的字面意思外，还要善于发现其中的文化差异，巧妙运用各种翻译方法，准确传达新闻的意思。下面就从新闻标题、异语及词汇三个方面来研究新闻文体的翻译方法。

一、新闻标题的翻译方法

标题浓缩着新闻的主要信息，承载着丰富的信息量。新闻标题翻译的成功与否决定着整个新闻翻译的好坏。通常而言，英汉读者的阅读习惯和关注点不同，而新闻标题往往又只是为了迎合本国读者的习惯和需要，因此译者要了解中英新闻标题存在的差异，才能实现中英文之间互译。中英文新闻差异最主要表现在标题的长短不同。

(1) 相对于英语，汉字的词义更加丰富，而且占用空间较小，所以编辑可以不用担心空间，从而可以把更多的心思放在“标题多行”、字词挑选和文字对仗工整等方面，以此来吸引读者。

(2) 相比之下，英文的单词更长，占用的空间也较大，因此用词必须节省。为了达到这个目的，英语新闻的标题往往在语法方面做文章，能省则省。在英语新闻中，作者要通过选用简短词汇，省略不重要的冠词、介词、连词、代词、be 动词等方法来写标题。

因此，在翻译新闻标题时译者不仅需要斟词酌句，正确使用语法，而且还要考虑如何将原文的言语目的传递给读者。为此，译者在翻译时就需要运用一定的翻译方法，不仅要使新闻标题新颖而简短，而且还要实现新闻的传播效果。新闻标题翻译常用以下几种方法。

(一) 套用诗词熟句

英汉语言在其发展的过程中都沉淀和汇聚了大量的诗词熟句，成为各自语言的浓缩精华。译者在翻译新闻时可以根据具体情况选用读者熟悉的诗词熟句，以便消除距离感，实现传播的目的。

例 20：Singapore Film Star Gives Part of Liver to Save Dying Lover

译文：若为爱情故，肝胆也可抛

这则新闻标题的内容很好理解，它的译文主要由两部分组成，即眉题和正题。眉题部分套用了名句“若为自由故，两者皆可抛”，译者略微做了改动，其意境同样很感人，较为完整地传达了原题情真意切的意蕴。

例 21：One Foot in the Field, the Other on the Campus

译文：脚踩两只船：一只在商界，一只在校园

如果仅从语言符号所指来翻译这句话，可译为“一只脚在田野，一只脚在校园”。但原文标题的深层含义并不在此，因此有必要调节话语，进行解释性翻译，故可将标题改译为“一只脚在商界，一只脚在校园”。然而，这样的翻译显然不能突出效果。为了达到吸引读者的目的，译者可以运用修辞手段再次进行调整，以有效传递并突出信息核心。可以尝试套用汉语的一句俗语将其翻译为“脚踩两只船：一只在商界，一只在校园”。其中，“脚踩两只船”在汉语中含有贬义，经过这种处理，标题就显得诙谐幽默，容易吸引读者眼球。

(二) 运用对称结构

在英语新闻中，由两句话或短语组成的标题很常见，其内容往往会形成鲜

明对照。在翻译此类标题时，译者不仅要寻求意义对等，而且要保证形式对称。

例 22：

①Look Back to Look Ahead

回首往昔，展望未来

②Food drops “great TV”, but almost useless

空投食物无异作秀，杯水车薪于事无补

③Bosses Busy in Teaching&Teachers Pleased with Business

老板忙教书，老师乐下海

由于英汉语言的各种差异，很难将汉语的对联翻译成形式对称的英文。但是，译者可以通过采用其他修辞形式来弥补，如巧用英语中的同根词、头韵等修辞手法，如上例中的 busy 和 business，teaching 和 teachers。

（三）酌情补全背景

由于新闻标题长度的限制，不能将诸如事件发生的背景，地点等重要信息都包含在内。因此，译者在翻译标题时要在考虑读者阅读心理的情况下，对译入语读者可能不熟悉的有关信息进行必要的变通或阐释，如酌情加上逻辑主语或新闻人物的国籍、消息的事发地点等。

例 23：Lewis，Xie voted world’ s top two

译文：路（易斯）谢（军）当选世界十佳（运动员）前两名

在标题的译文中，译者增加了一些阐释性的内容，把有关新闻人物的姓名、标题在逻辑上或语义上有所缺损的信息完整地介绍给了读者，显著提高了译文的清晰度。

例 24：I worry that we won’ t live to see our daughter

译文：日朝人质何时休，老母盼儿泪满流

这则新闻标题直接引用自一位日本老人所说的话。如果将标题直译成“我担心活不到见到女儿的那一天”，虽然意思正确，但这只是一种随意的话语，没有将深层次的内容表达出来。为了提高标题的表达效果，在表达意义时要考虑将语境条件增补进去。因此，可以将标题译为“日朝人质何时休，老母盼儿泪满流”，这样不仅交代了事件的背景，同时也表达了受害者对亲人的深切思念。

（四）巧译修辞手法

新闻标题除了讲求简洁精练外，还要求将新闻中的人物、事件鲜明地突出出来，以便吸引读者注意，因此会使用很多修辞手法。在对标题中的修辞手法进行翻译时，要尽量采用译入语中相对应的修辞手法，以保留原文标题的生动性、趣味性。

例 25：Soccer Kicks off with Violence

译文：足球开踢，拳打脚踢

该则新闻标题中的 kick off 在足球比赛中原指“开球”，但与后面的 violence 一起使用，就为读者呈现出了一幅拳打脚踢的景象，并在回味之中哑然失笑：原来比赛双方一开球就打起来了。因此，译者将该标题译为：足球开踢，拳打脚踢。

例 26：All Work，Low Pay Makes Nurses Go Away

这则新闻标题的意思不难理解，而且它使用了仿拟的修辞手法。它仿拟了英语谚语“All work and no play makes Jack a dull boy.”（只工作不玩耍，聪明孩子也变傻）。但是由于标题中蕴含了英语修辞的文化语言环境，兼具文化特色及语法修辞特点，在汉语中很难找到契合点，译者难以将其修辞再现于译文中。这种情况下，译者只能舍弃标题的修辞特色，争取译出标题的基本含义，否则就有可能因词害意，让人难以理解。可以将其译为：

工作繁重薪水低，护士忙着把职离

译文虽然没有运用原文中的修辞手法，但采用了尾韵的修辞，读起来朗朗上口，仍不失为一个好标题。

二、新闻导语的翻译方法

导语有时也被称为“微型新闻”，具有简洁而充实、生动而具体的特点。导语主要是交代何人发生了何事，有时还会说明事件发生的原因。简而言之，导语就是浓缩的消息，能帮助读者了解新闻的主要内容。一则好的导语是新闻成功的一半，要想更好地翻译导语，首先应该理清导语的主要特点和分类。根据导语的写作风格，可以将其分为硬导语和软导语。

（1）所谓硬导语，是指开门见山地交代新闻要素的导语，其特点是程式性叙述。硬导语可以包括要点式导语、概括性导语、橱窗型导语、标签式导语等。

（2）相对于硬导语，软导语的写作手法更具文学性，写作更随意，可以从趣闻逸事导入，也可以从人物的描写入手。

下面就按此种划分来探讨其翻译方法。

（一）新闻硬导语的翻译

新闻硬导语通常比较简洁，直截了当。在翻译时适合采用直译法，在不影响内容的前提下可以根据情况调整语序，以符合汉语的表达习惯。

例 27：Three Chinese students are confirmed killed in early Monday' s deadly fire at a Moscow university, according to latest information from the Chinese Embassy in Moscow.

译文：据中国驻莫斯科大使馆最新消息，在星期一早上莫斯科一所大学发生的一场致命的大火中已确认有 3 名中国留学生丧生。

可以看出这则导语属于硬导语，导语的词数不多，但是却将事件发生的时间、地点、后果及消息来源等信息交代得很清楚。在翻译这则导语时译者采用了直译法。

（二）新闻软导语的翻译

前面已经说到，英语新闻软导语具有一定的文学性，导语生动活泼、情趣横溢，很容易吸引受众，所以翻译时适合采用带有文学色彩的手法翻译，最大限度地保留原文的文学风格。

例 28：Motherhood and apple pie are still fine, but the thing many Americans relish most these days is owning their own homes. Two in three homes are owned by their occupants, and the lowest mortgage rates in three decades keep the numbers rising. But this does not suit everybody.

译文：母爱依旧浓，苹果派味道依旧美，但如今许多美国人津津乐道的事情是拥有自己的房子。现在三分之二的美国人是居者有其屋，三十年来最低的抵押贷款利率使这一比例继续上升，然而这并非人人都适用。

这是一则软新闻导语，其起始句更像是家庭生活的描写，渲染了气氛，然后引出新闻事实，切入正题。在翻译此类标题时，译者可以使用带有文学色彩的手段进行直译，以较好地传递作者的原意。

三、新闻词汇的翻译方法

（一）新闻新词的翻译

现代社会发展越来越快，新生事物层出不穷，涌现出大量的新词。这些新词通常会最先通过新闻为大众所熟知。翻译英语新闻中出现的新词时，要根据词形和上下文判断出词的意思，结合词典或专业参考书，运用直译、音译、音意混译以及解释性翻译等翻译方法将词的含义译出。

（1）直译要在忠于原文内容的前提下，或顾及原文形式，或在形式上另有创新。例如，Internet bar（网吧），community care（社区医疗），business tourism（商业旅游），tapioca milk tea（珍珠奶茶），physically challenged（行动不便者），sports bar（播放体育比赛的酒吧）等。

（2）音译是指根据源语新词的读音巧妙地译为合适的译入语对应词。例如，hacker（黑客），clone（克隆），bikini（比基尼），disco（迪斯科），pizza（比萨）等。

（3）所谓音意混译，即指采用音译和意译相结合的方法对英语新闻进行翻译。有些新词不能完全音译，可采用音意混译。例如，bowling（保龄球），gene bank（基因库），beeper（BP 机），sauna（桑拿浴），bungee jumping（蹦极跳）等。

（4）解释性翻译，即直译加注法。例如，green card 被译为“绿卡（允许外国人进入美国工作的许可证）”，简洁清晰。

（二）行业用语的翻译

新闻经常会涉及商业、体育、军事、科技及文艺等方面的内容，这迎合了阅读趣味各异的读者，同时也增加了新闻词汇的数量。译者在翻译行业的专门用语时切忌望文生义，要先弄清其本义，然后再根据新闻报道的上下文确定其在某一领域中的特定含义。因此，在翻译新闻行业用语时，应该首选汉语中现有的对应词汇，如经济新闻中常见的 bull market 和 bear market，在汉语中就有对应词，即“牛市”和“熊市”。

例 29：Cities all around the Pacific are battening down the batches as EI Nino threatens meteorological mayhem.

例中的 battening down the batches 指暴风雨来临之前水手将舱室封闭，尤其是储存饮用水和食品的舱室，是一个航海用语，其引申义为未雨绸缪，紧锣密鼓地做应变准备。

此外，译者除了掌握翻译技巧外，还要对不同领域都有所涉猎，尽可能多地熟悉和掌握这些学科常用的专业术语。

例 30：It is even less certain that the Congress would back him in a showdown with Mr. Begin.

译文：在他与比金先生的最后较量中，国会帮助他的可能性就更小了。

例中的 showdown 意为“摊牌”，是赌博中常用的词语，在句中转义为“（为解决争端的）最后较量”。

（三）外来语的翻译

英语中有大量的外来语，英语新闻也不例外。在翻译英语新闻时，对于可以在英语词典中找到释义的外来语，只需根据词义做适当处理；对于新出现的外来语，翻译时就要反复推敲、仔细品味，根据上下文语境来把握其确切含义。

例 31：Mozgovi said he studied newly discovered archive material during his research for the role that showed him Lenin was paralyzed before his death. "Lenin's private life was a secret before perestroika," he said.

例中的 perestroika 源于俄语，是俄语单词的译音。该词的原意是指发生在俄国的一场很重要的改革，但在成为英语的时髦词后，其含义就被扩大了，除了用来指改革，还可以指组织机构的调整或重新安排。

例 32：They have made fortunes from the sale of their scholarly certitude about the behavior of homo economicus, but are stupefied by the unfamiliar phenomenon of increasing worldwide unemployment running parallel with bounding: inflation.

他们对"经济人"行为已确信无疑，以出售有关学术资料而发了财，但在日益严重的世界性失业和跳跃式通货膨胀同时出现的这种陌生现象面前目瞪口呆。

例中的 homo economicus 出自拉丁语，和英语中的 economic man 意思相同，因此可译为"经济人"。

（四）抽象名词的翻译

在英语新闻的评论中经常可以看到许多抽象表达法，这主要是因为其使用了抽象名词。因此，在翻译英语新闻中的抽象表达时，要尽量按照中文的表达习惯，多使用具象词汇。

例 33：No year passes now without evidence of the truth of the statement that the work of government is becoming increasingly difficult.

译文：年年都有证据显示出政府工作越来越难这一说法的真实性。

可以看出，译文的表述较为抽象，没有断句，看似符合了原文的句式结构，但是与中文的表达习惯不符，意思表达得也不明确。可以改译为：行政管理工作已变得越来越困难了，每年都证明确实如此。

例 34：The productivity improvement has been a reaction to crisis. Many companies were in difficulties in the recessionary years of 1980, 1981, 1982. They had to rationalize and modernize or die.

译文：提高生产率是摆脱经济危机的对策。在1980、1981、1982三年的经济衰退期间，许多公司资金困难。他们不得不改组企业，使之现代化，否则就要倒闭。

(五) 新闻惯用词的翻译

英语新闻中有不少所谓的“新闻惯用词”，这类词用在新闻中具有特定的含义。翻译中如果遇到这类词语，译者要通过查词典、联系上下文等，来选择最合适的词义进行翻译。例如：

probe=investigation 调查

bust=arrest after planned operation 搜捕

a news story=a news report 新闻报道

glut=oversupply 供过于求

nadir=the lowest point of relationship between two countries 两国之间关系的最低点

第四章　商务英语翻译

第一节　商务英语概述

随着全球经济一体化趋势日益加快，全球贸易日趋融合，中国和世界各国的合作和贸易往来日渐增多，跨国商务活动日渐频繁，作为沟通国际经济交流和商务活动的语言工具，商务英语（Business English）脱颖而出，成为一门新型的，跨学科的综合性专业学科。英语作为当今世界的商务通用语言，在国际商务活动中有着举足轻重的作用，存在于商务活动的全过程。其实，商务活动的范围很广，包括技术引进、对外贸易、招商引资、对外劳务承包与合同、国际金融、涉外保险、国际旅游、海外投资、国际运输等等，在涉及这些活动时所使用的英语统称为商务英语。

商务英语作为专门用途英语（English for Specific Purposes，简称 ESP）的一个分支，主要指商务背景中需要运用的语言技能。随着全球经济向一体化发展，网络通信和多媒体技术的使用，国际商务活动的范畴不断扩大，商务英语的内涵也在不断扩大和升级。“商务英语”，就其语言本质而言，就是在商务领域内经常使用的反映这一领域专业活动内容的英语词汇、句型、文体等的有机总和。在长期的使用和发展过程中，商务英语形成了自己独特的文体色彩，成为为国际商务活动服务的专门用途英语。

21 世纪是知识经济的时代，国际商务英语作为英语的重要功能变体之一，正日益显示出强大的生命力，其应用性和普及性是显而易见的。随着我国经济的迅猛发展和贸易全球化，社会需要大量既具备娴熟的英语实际应用能力，同时又掌握商务专业知识的复合型人才。

一、商务英语的内涵

一般来说，商务英语是指人们在商务活动中所使用的英语，在西方国家通常称为“Business English”。20世纪80年代，在我国，商务英语主要用于对外贸易，因而又称为外贸英语（Foreign Trade English）。现在随着经济发展的日益全球化，我国在更广阔的领域、更深的层次上融入了国际社会，政治、经济、文化教育等领域内的国际交流与合作日趋频繁，现代商务英语的内涵和外延也得到了扩展。

“商务英语”，顾名思义，包含着英语与商务活动两个方面。商务英语是在不同的商务场景中运用的英语，因而具有“商务”特色。“商务”指使用英语的商务工作人员所从事的商务活动和商务环节的总称，是传播的内容；“英语”是传播的媒介；“商务”与“英语”不应是简单相加的关系，是二者的有机融合。

语言交际有其特定的语言环境，商务话语是一种职业话语，是人们使用语言进行商务活动的产物，语言和商务活动之间是密切联系的，要使商务活动得以顺利进行，商务活动参与人必须运用语言，对词汇语法资源进行适当的操作。商务活动本身决定了语言的使用特点。商务英语的特点主要在于专业化和较强的针对性。归根到底，实用性是商务英语最大的特点。它注重的是在商务沟通中口语与书面表达的准确、简练与规范。

由于国际商务活动的客观性与现实性需要，商务英语的专业术语和职业套语多，但都必须用语礼貌，表意清晰，结构可行，表达得体。商务英语所要表达的语言信息是商务活动方面的内容，因此，必须精确运用专业词汇。在商务英语中，掌握一定量的商务词汇是必备的，但是仅有一定量的专业术语仍无法自如应对各种商务问题。

商务英语作为英语的一种社会功能变体，是为国际商务活动这一特定的专业学科服务的专门用途英语，是与其他职业英语如旅游英语、法律英语、医用英语等一样具有很强专业性的行业英语，共同点在于都要有英语的基本语言基础。商务英语虽源于普通英语并具有普通英语的语言学特征，但是，由于它传达的是商务理论和商务信息等方面的知识，因此，它本身又具有内在的独特性。商务英语多使用在国际贸易中，是企业合作双方不可缺少的交流语言，其内容涉及英语语言基础知识、专业知识、行业习惯、民族习惯，人际关系、处事技巧等。因此，在语言结构上，商务英语不仅术语、套语多，专业词汇多，而且还有相当一部分蕴涵交际策略的委婉、客套用语适用于不同的场合，不同的话题，迎合不同的对象。无论采用的是口语形式还是书面形式，都应显示其语言结构的适切性、语言表达的得体性和表达方式的可接受性和语言运用的准确性。

二、商务英语的学科定位

随着全球化经济的日益发展，英语在国际商务活动中的地位更加重要。作为一门独立的学科，商务英语的发展壮大之势已不可阻挡。然而，作为一门学科，尽管近几十年来有了长足的发展，但社会上对“商务英语”的定义则众说纷纭，定位仍然模糊不清。埃利斯和约翰逊（Ellis and Johnson）认为，商务英语应属于专门用途英语的范畴。理由是，它含有其他专门用途英语所必须包含的一切主要因素。商务英语又有别于其他专门用途英语。它既包含了特殊性内容，又包含了普遍性内容。其特殊性主要是指，它总是与某一具体职业或行业相关联；其普遍性则是指，虽然处于商务情景中，它同样需要具有与提高信息交流的效率相关联的普遍性能力。我们认为，商务英语是一门融英语、商务管理、外事外交、外贸谈判、市场营销、金融、经济学科等为一体，以语言学和应用语言学理论为理论指导的跨学科的英语功能变体，是一门以语言学为主导、吸收了其他学科研究方法的综合性学科。由于这种特性的存在，商务英语的生命力和发展潜力也就有了可靠的保证。商务英语作为一门综合类语言学科，与当今的政治、经济、文化和科技活动紧密相关，亦将随着时代的变化而发展。

三、商务英语的发展现状

目前在世界许多国家，商务英语都呈现出蓬勃发展的势头。发达国家非常重视商务英语教育，许多院校都开设了商务英语课程。在以英语为母语的国家，它们的外语教学界把商务英语教学视定为专门用途英语教学（ESP）的一个领域。在英国，各大经贸类院校都开设了商务英语课程，如牛津大学、剑桥大学向全世界推出了国际性商务英语考试，伦敦商会设立了商务英语证书的培训和考试机构；美国的哈佛大学、斯坦福大学、加州伯克利大学等著名院校都开设了商务英语课程，普林斯顿大学还成立了以商务英语为核心的国际交易英语考试中心。英美的主要广播公司每天都在播出商务英语教学节目；同时，在许多国家的大小城市中，拥有众多的商务英语培训学校。例如，仅在英国这类学校就有一百多所。英国的中央兰开夏大学专门开设商务英语专业并与我们国家的几个主要城市，如上海、广州、深圳等地的高校联合开设商务英语专业，培养了一批又一批的商务英语的专业人才。

在我国商务英语人才越来越受到重视。为适应这一形势，许多高校设置了商务英语专业。全国开设正式的商务英语专业或方向，进行正规商务英语教学的院校已近300所。随着社会对商务英语的需求与日俱增，各种培训班比比皆是，各种商务英语证书考试名目繁多，其中影响较大的有商务部举办的全国外销员考试、国家人事部和商务部联合举办的全国商务师资格证书考试、国家教育部和英国剑桥大学联合举办的剑桥商务英语证书考试。在商务英语教学蓬勃发展的同时，商务英语的学科体系也在逐步形成。由此，我们可以清楚地看到，商务英语已经深入到我们的生活当中，受到了极大的重视和越来越多人的青睐。

四、商务英语的性质与特点

（一）商务英语的性质

如前所述，国际商务英语（International Business English）属于专门用途英语（ESP）的范畴。虽然专门用途英语有其特殊的语言特性，但并不存在某种特殊的语言种类。换言之，不应该认为专门用途英语是有别于普通英语的特种语言，因为两者之间的共性大于特殊性。Munby（芒比）把专门用途英语分为两类：以学术为目的的英语（English for Academic Purposes），指在完成学业或进行学术研究、交流时所使用的英语，其学术性较强；以职业为目的的英语（English for Occupational Purposes），指从事某一行业工作所使用的英语，实用性、专业性较强。商务英语的全称应是 English for Business and Economics（EBE）。在美国，商务英语主要指的是商务沟通时的语言。

（二）商务英语的语言特点

商务英语源于普通英语（English for General Purpose），是普通英语与商务各领域专业知识的结合。两者在基本词汇、句型、语法的运用上具有共性，但由于商务英语传达的商务理论和实务等信息的特殊性，在专业词汇、句式特点、篇章结构及表达方式等方面商务英语有其独特性。

1. 用词正式、严谨、准确

商务英语可谓字字千金，必须准确清楚地表达所要传递的信息，谨慎使用夸张、比喻等手法，尽量避开使用模棱两可的词语，以免产生不必要的争议。除广告语体外，商务英语在用词方面大量使用书面语，用词正式，力求准确无误。一般用词义相对单一的词来替代词义灵活丰富的词，以使文体正式、严谨、庄重。比方说，普通英语中的词汇 tax，be familiar with，buy，include 对应在商务英语中则用 tariff，acquaint，purchase，constitute。

2. 常用缩略词、外来词、古体词

英国语言学家利奇（Leech）在英语词义的分类学说中指出，专业词语、古体词及外来词都属于具有正式用语风格的词汇，符合商务英语语体行文准确、简洁的要求。

（1）缩略词的使用。

由于商务交往中省时、省力原则的实际需要，随着商务交往的频繁开展，商务专业术语以约定俗成的缩略语形式大量涌现，已被业内人士所熟知。言简意赅的缩略语，可避免冗长的解释，简化交易过程，提高工作效率，符合人们商务英语使用过程中希望节省时间，提高效率的要求，在国际商务合同、协议、函电及单证中得以频繁使用。

（2）外来词的使用。

商务英语中所使用的专业词汇和半专业词汇，特别是专业词汇大多来自于拉丁语、法语和希腊语等的书面词或由合成构成的词语或是习惯上使用的所谓“商业用词”，它们的意义比较稳定，利于精确地表达概念。外来词的使用使商贸英语文本更加正式、庄重和严肃。如来自法语的 force majeure（不可抗力），拉丁语的 ad valorem（从价）等。

（3）古体词的使用。

为了体现出法律公文的规范性和约束力，商务英语还使用了一些其他英语语体中很少或不再使用的古体词，常以 here，there，where 为词根，加上一个或几个介词构成的合成副词。这种复合词的使用从一个方面体现了商务英语的正式、庄重严肃的文体特征，其构成和使用灵活机动，简练浓缩，语义丰富，表达精确，经常出现在商务合同、公司法、票据法、知识产权法或产品责任法等法律文件中，往往成为商务英语的惯用语。

3. 句式特点

（1）多用成语介词、被动语态、祈使句、非谓语动词、情态动词及从句。

商务英语用以传递重要的商务信息，要求其具有正式、严密、严肃、庄重的文体特征，行文严谨，避免歧义。为了做到语言简洁、内容表达客观公正和有关事项描述的准确无误，商务英语中常使用大量的介词或介词短语、被动语态、祈使句、非谓语动词、情态动词以及各种从句。

（2）句式结构复杂。

商务英语的句子有的很长，句式结构比较复杂，句中常常用插入短语、从句等限定、说明成分，形成冗长而复杂的句式结构，有时一个句子就是一个段落。

4. 文体的多样性

商务文体主要是指在商务和贸易活动中使用的文体。马丁·朱斯（Martin Joos）曾将语言在使用中由于交际双方的相对地位与社会关系不同而产生的变化大致分为五种语体，即冷漠体、正式体、商量体、随便体、亲密体。商务英语是在各种国际商务活动中使用的英语，商务交际的双方既要体现平等互利的原则，又要保持良好的合作关系，所用语言要保证其国际通用性，为大众所接受，不能过于口语化，过于非正式化，而是介于正式体和商量体之间。

商务文体涉及的领域很广，如商务信函（Business Correspondence）、会议纪要（Synopsis of Minutes）、法律文书（Legal Documents）、备忘录（Memorandum）、说明书（Specification）、商业广告（Commercials）、通知（Notice）、报告（Report）、演讲（Speech）、协议或合同（Agreement or Contract），以及各种相关单据与表格（Bills and Forms）等，具有实用性、多样性和行业性的特点。商务信函、合同、法律文书、通知等主要表现为公文体形式。商务公文体词汇的特点是以书面词为主，用词正式、严谨、规范、简短达意。

第二节 商务英语常用词汇的翻译

一、商务英语的一词多义现象

（一）一词多义与翻译

现代英语词汇丰富，词义灵活，一词多用、一词多义的现象极为普遍，这一特点在商务英语中也显得非常突出，同一词汇在商务英语不同的语境下具有不同的含义。“只知其一，不知其二”很容易造成错误理解。在翻译中，如何分析把握源语中的多义词在特定的语言环境中的具体含义，准确无误地使之在目的语中再现，是翻译的关键问题之一。

语言的使用离不开语境。同样的词语在不同的语境中，其含义会大相径庭。许多常用的英语词汇在商务英语中既有普通含义，又被赋予新的含义，进而有的发展成为专业词汇、商贸术语。忽略这些词汇的特殊意义而去想当然地按照常用意义去理解，就会不可避免地导致翻译错误。因词义理解错误而导致的翻译错误是商务英语翻译中最常见的错误，主要为一词多义导致的错误。

例 1：Outstanding payments will be transferred to your account after the cargo ship arrived.

误译：优秀的货款将在船到岸后转到你的账户。

正译：未付的货款将在船到岸后划入贵方账户。

解析：outstanding 作为普通词汇，常用义为“优秀的，突出的”，此句中 outstanding 与 account 搭配意为“未支付的，未完成的”。例如：outstanding debts（未偿清的债务）。

（二）词义的确定

由于语言的经济原则，很多词语会负载过多的意义，造成同形词、多义词的现象，给语言的理解和翻译带来一定的困难。脱离语境，孤立地译一个词就很难确切地表达该词的真正含义。

1. 根据语境确定词义

语言在运用中受语境的制约，语境决定着语言的意义、色彩和用法。英语中的一词多义、异词同义现象只有在特定的语境中才能分辨出来。换言之，一个词的意义必须有它所处的语言环境加以限定才能明确。

例 2：One moment’ s false security can bring a century of calamities.

译文：图一时之苟安，贻百年之大患。

2. 根据专业确定词义

现代英语中，许多词都具有一般含义和特殊含义。词的一般含义是指用于文学与社会生活方面的含义，特殊含义则是指用于专业方面的含义。由于商务英语在内容上涉猎很多具体的学科，如贸易、金融、财政、保险、统计等等，同一商务词语不仅仅用于某一特定专业，往往是一词多用，在不同的专业领域中所表达的概念会截然不同，翻译时须依据其业务范畴来确定词义。

例 3：But if you buy one hundred sets, we’ ll give you a 10 per cent discount.

译文：但如果贵公司买 100 套的话，我们可给您九折优惠。（国际贸易）

3. 通过搭配关系确定词义

上面提到，英语词汇的意义具有很大灵活性，一词多用、一词多义情况较多。一个词虽具多义于一身，但在具体的上下文中却只有一个意义，这个意义是依赖其所在的上下文或该词语同其他词语的搭配或组合关系而衍生出来的。在商务英语中，不仅词义对上下文的依赖性极大，而且词汇与词汇之间的搭配与协调关系，对词汇意义也有着微妙的影响。

例 4：The article is at a higher price than when it was bought wholesale.

译文：商品的零售价高于购进时的批发价。

4. 商务缩略语的一语多义及翻译

商务英语中，不仅仅是普通词汇、半专业词汇、专业词汇有一词多义现象。商务英语缩略语也常常有一词多义的情况。如：W/B（waybill or World Bank 贴现汇票或世界银行）；CSR（cash surplus ratio）意为“现金盈余比”，CSR（contract status report）又意为“合同完成情况报告”，而 CSR（critical storage report）意为“临界库存报告”。这些缩略语含义各不相同，在各自的专业领域都很常用，这样就必须借助上下文来确定其含义。

二、商务英语词汇的专业性

商务英语词汇的显著特点之一就是专业性强，词义面相对较窄。商务英语词汇按其意义与用途，大致可分为普通词汇、半专业词汇和专业词汇三类。普通词汇是各语域通用的语言共核部分，各类文体通用，通常不是翻译的难点。半专业词汇是由普通词汇转化而来的，在商务英语中有特殊的含义，这部分词汇占商务英语词汇的大部分，使用频率高，而且绝大多数一词多义，是翻译的重点词汇。

（一）普通词汇，特殊意义

商务英语词汇中使用了大量的普通词汇，很多普通英语中的常见词汇在商务英语中，通过引申、转换、添加等手段而获得了特定的专业内涵。熟悉专业有助于辨别理解词在特定专业中的含义，可以更好地避免与其一般含义相混淆。

例 5：Please send me any literature you have on camping holidays in South Africa.

译文：请惠寄贵处有关在南非野营度假的宣传材料。

解析：literature 在普通英语中表示“文学作品”；而在商务英语中，则表示文字宣传资料，如“产品说明书、产品目录、价目表”等印刷品。

（二）半专业词汇

商务英语除了包括普通词汇之外，还有一些半专业词汇和专业词汇。一部分普通英语词汇因在商务语篇中被大量地、频繁地使用，形成了带有专业词语色彩的准专业词语群。这些普通词汇由于被用于商务环境中而具有新的含义。在商务英语当中，半专业词汇不但使用频率高，而且绝大多数一词多义。

（三）专业词汇

专业词汇又称“行业词汇”。商务专业词汇是商务英语中特有的、固定的表达方式。这些专业词汇通常以词、词组、术语以及缩略语等形式出现。商务英语拥有数量可观的专业术语词汇，译者必须懂得商务英语所涉及学科领域的相关知识，避免专业术语词汇普通化，否则轻则闹翻译笑话，重则将造成严重的经济损失。

商务英语翻译中，专业词汇的表达是翻译的关键所在。专业词汇有严格的界定，用普通词汇表达，只会使译文成为外行话。例如，“保险费”不译为“insurance expense”，而应用“premium”；“赔偿”用“indemnities”，而不用“compensation”；“停业”用“wind up a business”或“cease（名词是 cessation）a business”，而不用“end/stop a business”；“break-even point”字面含义是“打破平衡的点”，其实它的专业名称是“保本点”。在技术合同中，“提成费”指技术使用费，英语中用“royalty”表达这一概念，译成 technical use charge 或别的短语便成了外行话。专业词汇是理解文本内容的关键，失之毫厘，谬以千里。

（四）词语含义的理解

商务英语语境决定或制约着部分词汇具有其特殊的商务语义，对此，译者应充分认识到商务词汇对语境的依赖性，不要将其混同于一般词汇。有些词汇在商务环境中的意思与其基本意思有些联系，但也有很多词汇在商务环境中的词义和它的基本含义毫无联系。

三、翻译技巧

翻译中涉及最多的问题是词义的处理。在商务英语英译汉时，如果按词典上的意义生搬硬套，逐字死译，译文必会晦涩僵硬，甚至还可能引起误解。此时，译者应根据上下文的内在联系，通过句中词或词组乃至整句的字面意义由表及里，在准确把握词义内涵的基础上，精心选择词义，必要时加以适度的引申和词性转换，选用最贴切的汉语词句，将原文内容的实质准确地表达出来。

（一）词义的选择

词义的选择是英汉翻译的基本功之一，正确理解一个词在具体场合的确切含义并忠实表达原文内容是翻译过程中一个最基本的环节。在翻译时，词义的选择通常可以从以下几个方面入手：

1. 根据词性选词义

我们知道，许多英语单词具有不同词性，亦即分属几种不同的词类。词类不同，词义常有差异。英译汉选择词义时，最好先确定该词在句中的词性，或者所起的作用，然后根据词性选取适当的词义。英语中 round 也可以说是一词多类，一词多义比较典型的例子，请看例 6：

例 6：This is the latest round of job cuts aimed at making the company more competitive.

译文：这是旨在增强公司竞争力的新一轮裁员。(名词)

2. 根据语境或上下文选择和确定词义

除了根据词性来判断词义之外，词义选择一个更为重要的方法就是根据上文来判断词义。英语上下文和词汇搭配对词义影响极大。同一个词用于不同场合、不同学科或专业，词义往往有别。以动词 move 为例，如果上下文不一样，move 的意思显然也是不一样，必须依据上下文才能准确通顺地翻译，试举几例：

例 7：Please charge the meal up to the company.

译文：请把这顿饭记到公司的账上。

3. 根据搭配关系选择和确定词义

英汉两种语言各自具有自己的习惯搭配关系，主要表现在形容词、副词、名词和动词短语和词组上。同一个词用于不同习语，意思迥然不同。在英译汉时，要考虑词的搭配关系，弄清一个词在某个上下文中的确切含义，根据汉语的搭配习惯处理英语的习语或搭配，确定正确的译法。

（二） 引申的译法

引申是英汉翻译中广泛使用的一种技巧和方法。英汉两种语言分属于不同的语系，在长期发展和使用中形成了富有各自特点的修辞方法、搭配习惯和行文规范。英汉两个民族的历史背景、社会习惯、风俗人情等等，也不尽相同，这种差异必然会反映到语言中来。逐词死译，不仅会使译文生硬晦涩，词不达意，而且还有可能弄巧成拙，令人迷惑甚或引起误解。所以，翻译时常常要采取一些灵活办法，在准确把握词义基础上，进行恰如其分的引申，使译文意义明朗。

1. 词义引申

所谓词义引申是指不拘泥于词的字面意义或字典提供的意义、释义，而从词的根本含义出发，依据特定的语境和逻辑关系，把原文中词句所包含的意义在译文中引申出新的意义，以求译出最贴切的含义。词义引申手法的具体运用，丰富多样，不一而足，概括起来，主要有抽象化引申、具体化引申和内涵化引申三种。

2. 比喻和成语典故的引申

英汉两种语言中存在大量的习语，这些习语大都具有鲜明的形象，适于用来比喻事物。各自社会文化背景不同，而比喻具有很强的民族色彩。这时，往往需要将其象征意义表达出来，便于读者理解。

（三）词类转换法

词类转换是翻译中常见的技巧。作为一种译词技巧，转换法指翻译过程中为了使译文符合译语的表述方式和习惯而对原句中的词类进行转换。词类转译的种类很多，就商务英语翻译而言，最常见的是名词、介词、形容词及动词间的互相转译，使译文更通顺、自然。

1. 转换成动词

我们知道，汉语是一种动词显著的语言。英汉句法的一个重要区别就在于动词的使用。因此英译汉的词类转换最重要的一项就是将英语的各种词类转换成汉语动词。

（1）名词转化成动词。

英语中较多使用名词，名词可以用来表现动作，而汉语则习惯使用动词。英译汉时，应注意把英语的名词转译成汉语的动词或形容词。英语中由动词派生的或具有动作意义的名词，如将名词译成动词，则更易于处理。

（2）介词转换成动词。

英语的介词具有丰富的词汇意义并且使用相当普遍且灵活，搭配不同，其意义往往也不相同，常常可以表达汉语中需要用动词来表达的意义。

（3）形容词转化成动词。

许多英语形容词，在联系动词之后，如表示人的意识、感情、感受、愿望等往往需要转换成汉语的动词。

2. 转化成名词

中英文中都有大量的名词。在英汉翻译中名词和其他词类之间的转换是司空见惯的。常见的有动词转换成名词、形容词转化成名词、代词转换成名词和副词转换成名词等。

3. 转换成副词

有时为了翻译需要，某些英语词类可以译成汉语的副词。

第三节　商务信函的翻译

一、商务信函的构成要素

正式的商务信函一般由下列七个要素组成：

(1) 信头（letterhead/heading）：写信人的地址。

(2) 写信日期（date）。

(3) 信内地址（inside address）：收信人的名称和地址。

(4) 称呼（salutation）。

(5) 正文（body of the letter）。

(6) 结尾套语（complimentary close）。

(7) 签名（signature）。

但有时根据实际情况，需要酌情增添其他六个附加成分，包括：参考文号（Reference Number）、经办人（Attention Line）、主题（Subject）、附件（Enclosure）、抄送（Carbon Copy Notation）和附言（Postscript）等。

二、商务信函的功能

商务信函是人们在从事国际商务活动中来往的信件，是公文性质的信函。它们具有答复、订货、任命、祝贺、感谢、介绍、邀请、联络、致歉、慰问、吊唁或推销、磋商、咨询公务的功能，涉及愿望、允诺、赞许、建议、催促、询问、拒绝、辩解、申述、质问或谴责等多方面内容，情态表达比较丰富。根据功能划分，商务信函大致可以分为两类：以信息功能为主的商务信函和偏重于交际功能的商务信函。

（一）以信息功能为主的商务信函

以信息功能为主的商务信函的目的是为了传递信息——说明情况、陈述事实、找出解决问题的方法，如：询盘、发盘、还盘、索赔函、投诉函等等，使收、发信双方发生贸易往来，达成交易。要满足上述功能，其语言特点是必须使用专业术语准确传达信息意图，同时还要在适当的时候使用口语体词汇及与之相配套的较短的句式，使文体风格朴实平易，易拉近买卖双方的距离。

（二）偏重于交际功能的商务信函

偏重于交际功能的商务信函的目的是为了表达写信人的感情，增进交流，这类信件的作用是非常重要的，可以维系与客户的合作关系、促进业务，是企业之间进行交往的润滑剂。这类信件包括：感谢信、祝贺信、道歉信、慰问信等。

三、商务信函的问题特征

商务信函和普通信函在格式、篇章结构方面差别不大。但是在文体特点方面，二者之间存在着明显的差异。

就文体而言，信函文体是商务文体的一种，而商务文体又是实用性文体的一个重要分支。因此，商务信函具有独特的文体特征。

从语言学的角度来看，商务信函包含在国际商务英语的范畴里。国际商务英语，也被称作商务英语，是应用语言学项下的一个重要分支，即：语言学（Linguistics）→（英语）应用语言学（Applied Linguistics）→专门用途英语（English for Special Purposes）→国际商务英语（International Business English）→商务信函（Business Letters）。因此，商务信函具有国际商务英语的语言特征。

（一）商务信函的属性

商务信函是正式的、公文性质的函件，因此，在文体、遣词造句方面要比普通信函讲究，用词往往严谨、规范、朴素、准确。商务信函规范、正式的特点决定了商务英语信函多数情况下使用较为正式的词汇。如：here/there + prep. 构成的复合词，hereafter，hereby，herein，hereof，therein 等。

（二）商务信函的内容特点

商务信函的内容一般要求简明扼要，主题突出，层次分明。

商务信函的文本特点通常被概括为“5C 原则”（Five C' s Principles），即：Correctness（准确），Clarity（清楚），Conciseness（简洁），Completeness（完整），Courtesy（礼貌），或概括为“7C 原则”（Seven C' s Principles），即：Correctness（准确），Clarity（清楚），Conciseness（简洁），Completeness（完整），Courtesy（礼貌），Concretness（具体），Consideration（体谅）。

（三）商务信函的文体变化

商务信函的文体会随着通信双方关系的变化而变化，如初次打交道所写信函一般比较正式，用词格外礼貌，而随着交往的增多，彼此双方变得熟悉起来，信函的文体会变得较为随意，因此，翻译时译者也需要反映出这种文体的变化。

四、翻译技巧——商务信函翻译中的信息对等问题

商务英语翻译的标准是“信息灵活对等”。翻译信息灵活对等的目标是表达自然，不留痕迹，力求将原文文化背景下的行为模式转换成译入语文化背景下的行为模式。

商务信函翻译中的对等原则包括：原文的语义信息与译文语义信息的对等，准确传达原文的事实信息；原文的风格信息与译文风格信息对等，贴切再现原文的语气；原文的文体信息与译文的文体信息对等，符合公函文体的特征；原文的文化信息与译文文化信息对等以及原文读者反应与译文读者反应对等的原则。

（一）语义信息的对等

原文语义信息与译文语义信息的对等，准确传达原文的事实信息。包括三个方面。

（1）不同的商务信函中会出现不同的专业术语，专业术语翻译要规范。例如：

protection 备款以支付；承保范围
letter of credit 信用证
down payment（分期付款的）首付款，定金
shipping advice 装运通知
choice variety 上等品
invisible trade 无形贸易
inquiry 询价函
escape clause 免责条款

（2）具体事实细节（如日期、数量、金额）要翻译准确，商务信函的翻译虽然不要求字字忠实，但是对于正文部分写信人强调的具体事实却要准确翻译，不能遗漏任何细节，否则会给双方带来误解，影响贸易关系，如商务信函中所涉及的日期、数量、金额、价格、规格等关乎双方的直接经济利益，索

盘、报盘、还盘、返还盘，直至最终达成协议，都是以与数字有关的内容为中心。所以，商务信函中，数字的翻译要非常准确，不然则会产生一些问题，致使信函双方造成误解，产生纠纷，甚至给一方带来损失。

(3) 一般性叙述要用词恰当，行文通顺。商务信函强调务实，用词讲究准确、恰当，行文要流畅，可读性强。这些都要求译者在翻译的时候遵循商务信函的语言特点，保证信函的翻译用词准确，避免似是而非或意义含糊的词；专业行文通顺，避免过分冗长拖沓的表达方式。

(二) 风格信息对等

原文风格信息与译文风格信息对等，翻译要贴切再现原文的语气。

商务信函属于公函语体，措辞严谨，语气委婉，注重礼节。

商务信函的翻译不仅要意思准确，行文通顺，遣词造句还要符合公函文体的特征，以体现商务信函的特点和专业水准。在商务信函的翻译中，对其中有些表示感谢、歉意的同意或默许约定俗成的、固定化的行业可以遵循译入语的习惯，在译入语中尽量保留其原有的风格，恰当、得体地再现原信函的礼貌语气。汉语商务信函有一整套公函礼貌套语，有时可以直接套用相应的习惯表达方式，再现原文的语气和风格。如，“贵公司”“谨”“承蒙”“烦请”等礼貌词，还使用“欣闻”“获悉”“为盼”等套语。例如：

We are pleased to inform you that... 我们愉快地向各位宣布……

Be in receipt of... 函悉……

Please let us know... 请告知……

This is to introduce... 兹介绍……

Wish to inform... 特此奉告……

Thank you in advance for... 荣此申谢/承蒙……谨先致谢……

(三) 文体信息的对等

原文文体信息与译文文体信息对等，翻译要符合公函文体的特征。

英文信函和中文信函在信中日期、地址、称呼、抬头和结束语等程式上是不同的。翻译时，一般要套用译入语商务信函的格式。英译汉时，保留汉语信函的程式；汉译英时，套用英文的信函程式。如称谓，Dear Sir，Dear Sir or Madam，Dear Sirs，To whom it may concern 在一般情况下译为“敬启者”“先生台鉴”等。结语 Sincerely yours，Very truly yours，Cordially yours 等一般按汉语习惯翻译成“……敬上”。

（四）文化信息的对等

商务信函的翻译还要遵循原文的文化信息与译文文化信息对等以及原文读者反应与译文读者反应对等的原则。语义信息对等与风格信息对等是基本要求，文化信息对等建立在此基础之上。但是，如果与文化信息对等相抵触时，语义信息对等和风格信息对等则首先应该满足文化信息对等，以原文读者反映和译文读者反映对等为最终目的。

第四节　商标与品牌、商号的翻译

一、商标与品牌概述

（一）商标的意义

商标是外来词，由英语中的 trademark 翻译而来。商标是工商企业制造或经营某种商品的特别标志。如同人的名字一样，商标被称为商品的名片，使这种商品与同类的其他商品有所区别。

（二）商标的构成

商标有多种构成形式，有些商标由文字单独构成，有些商标由图形单独构成，而有些商标由文字和图形的组合共同构成。商标在媒介上或商品包装上出现时，其右上角或右下角的位置标有 R（Registered）或 TM（Trademark）。

（三）商标的特性及功能

1. 商标具有显著性

商标具有显著性，即识别性。商标是商品或商品包装上的标志，具有识别功能和质量保证功能。识别性是商标最基本的功能，商标的特殊性质和作用决定了商标必须具备独特的个性。因此，商标的设计必须与众不同，用来区别相似商品，不允许雷同或混淆。

2. 商标具有传达性

个性特色越鲜明，视觉表现感染力就越强，刺激的程度就越深。现代商标不仅仅是起到了商品的区别标记作用，还要通过商标表达一定的含义，传达明确的信息，包括企业的经营理念，产品性能、用途等，从这个意义上讲，商标应如同信号一样确切，易于辨识了解。

3. 商标具有专用性或独占性

商标及商标词在法律上归个人或公司所专有，使用商标的目的是为了区别与他人的商品来源或服务项目，便于消费者识别，具有法律保护功能。所以，注册商标所有人对其商标具有专用权、独占权，未经注册商标所有人许可，他人不得擅自使用。否则，即构成侵犯注册商标所有人的商标权，违犯我国商标法律规定。

4. 商标具有价值

商标代表着商标所有人生产或经营的质量信誉和企业信誉、形象。商标所有人通过商标的创意、设计、申请注册、广告宣传及使用，使商标具有了价值，也增加了商品的附加值。商标的价值可以通过评估确定。商标可以有偿转让，经商标所有权人同意，许可他人使用。

5. 商标具有竞争性

商标具有市场促销及广告宣传功能，是参与市场竞争的工具。生产经营者的竞争就是商品或服务质量与信誉的竞争，其表现形式就是商标知名度的竞争，商标知名度越高，其商品或服务的竞争力就越强。

6. 审美性

商标应该简洁、易读、易记，应具有简练清晰的视觉效果和感染力。

7. 适应性

商标的表现形式还必须适应不同材质、不同技术、不同条件的挑战，无论黑白彩色，放大缩小如何变化，都要尊崇系统化和标准化的规定。

8. 时代性

商标必须适应时代的发展，在适当的时候进行合理的调整以避免被时代所淘汰。

（四）品牌含义

品牌由英语的 brand 翻译而来。品牌本身由品牌名称（brand name）和品牌标记（brand mark）两部分组成。品牌名称是指品牌用语言表达的部分，是可以翻译的；品牌标记是指品牌用非语言表达的部分（如图案），能复制，但不能翻译。

（五）商标与品牌的区别

1. 商标与品牌所覆盖的范围不同。商标是品牌的众多功能之一，是品牌的名字（名称）或标记（标志）部分。品牌的一部分依法经过注册，受到法律保护后成为商标。

2. 商标与品牌的权属不同。商标权属于企业，品牌的主动权则掌握在消费者手中。

3. 商标与品牌所使用的领域不同。商标是法律概念，是企业的无形资产；品牌是市场概念，是企业与消费者之间的一份无形契约，是消费者选择商品的依据。

二、商标与品牌的翻译

常见的商标与品牌的翻译方法有以下几种：

（一）音译法

音译法是指将原文按源语的标准读音译作标准译语读音，使源语和译语在读音上具有一定相似性的翻译方法。[1] 商务文体翻译中的音译法主要应用于专有名词，一般是对人名、地名、商标、商号等的翻译。例如：Adidas 商标名称译为“阿迪达斯”，作为商品种类可以译为“运动服装”。

（二）意译法

由于中英语言存在很大的差异，为了再现原文的内容和风格，需要采用意译的方法。例如：Swan Vestas 在商标中译为天鹅，在商品种类中译为火柴（英国）。

（三）谐音取意法

这种方法在商务英语中应用也比较多，例如：Benz 在商标中译为奔驰，在商品种类中译为汽车（德国）。

（四）改译法

在对商标和品牌进行翻译时，还经常用到改译法进行翻译，例如：Head & Shoulders 在商标名称中译为海飞丝（名词短语），在商品种类中译为洗发水。

---

[1] 姜增红．新编商务英语翻译实务［M］．苏州：苏州大学出版社，2010.

三、商号的翻译

商号（Trade Names），又称字号、企业名称，指的是各种商务单位的名称——属商务主体所有的、在商务活动中使用的、具有明显识别价值的专有名称。如同人的姓名一样，商号是一种符号，具有指代、区别、说明的功能。经营企业用商号与其他经营业务相同或相似的经营单位区别开来。商号与商标功能不同，商号代表企业以区别于其他企业，而商标代表商品以区别类似商品，但商号与商标的翻译方法相似，包括音译法、意译法、谐音法（音意结合）、沿用法、直接引用法、自由译等多种方法。

四、翻译技巧——省略法

省略法（omission），也叫作减译法、略译法、减省译法。省略法是在翻译过程中对原文的某些部分省略而不译的翻译方法。其目的是使译文在不改变意思的情况下，保持译文的简洁、流畅、自然。省略法有两种：修辞性省略和句法性省略。

（一）修辞性省略

修辞性省略是从译入语的修辞角度考虑，省略英文中的某些部分。

1. 省略汉语中不言而喻的词语

例 8：Culture is made up of material components and non-material components, which accounts for the fact that it is difficult to understand a particular culture without learning its value.

译文：文化由物质成分和非物质成分组成，所以不了解某一特定的文化价值取向就很难理解它。

2. 省略英文结构上或语气上需要而译入语不需要的词语

例 9：How can I ever thank you?

译文：我要怎么感谢你呢？

3. 英文中重复出现的句子成分译成汉语时可以适当省略

例 10：Houses cost one third less this year than they did last year.

译文：今年的房价比去年下跌了三分之一。

4. 英文中的同义词、近义词或意义重复的词语译成汉语时可以适当省略

例 11：An elephant is large and bulky.

译文：大象的身体非常庞大。

（二）句法性省略

句法性省略主要包括省略冠词、省略代词、省略关系副词、省略连词和省略动词等等。限于篇幅，这里仅对省略冠词和省略关系副词做一说明。

1. 省略冠词

例 12：The first snow came. How beautiful it was!

译文：初雪飘临，多么美呀！

2. 省略关系副词

例 13：Wuhan lies where the Yangtze and the Han River meet.

译文：武汉位于长江和汉水的汇合处。

第五章　科技文体翻译

第一节　科技文体综述

一、科技翻译综述

随着科学技术的飞速发展，充满信息和知识的新时代正向人们走来，信息和知识的爆炸带来了更多的新词汇、新知识，需要人们不断地学习和交流。英语作为一种备受关注和欢迎的世界用语，也面临着新的挑战。大量的科技用语专业词汇在各行各业和报刊中不断涌现，形成了一种与日常生活的词语有极大差别的专业英语。诸如计算机英语、医学英语等，都有着很强的专业特色，它们都属于科技英语（EST）的范畴。

“入世”标志着中国已全面融入经济全球一体化过程，这将对中国的经济社会产生前所未有的影响，这一影响的深度和广度将日益明显。科技翻译在中国的经济发展过程中一直发挥着重要作用，因此，如同对经济、社会的影响一样，“入世”对中国科技翻译工作的影响也将是前所未有的。就科技翻译的规模而言，1949 年以后，中国的科技翻译工作经历了两次高潮。

第 1 次高潮始于 20 世纪 50 年代初，止于 20 世纪 60 年代初，起因是苏联援建中国的 156 项工业项目，伴随着这些引进项目，大批苏联专家、大量的俄文数据进入中国。为了完成这一任务，国家紧急组织了一些俄语短训班，建立了一批短学制的俄文专科学校，以速成方式培训了一批粗通俄语的专业人才。这是新中国的第一批科技外语翻译人才。

第 2 次高潮始于 20 纪 70 年代末期，止于中国正式加入世贸组织的 2001 年末。与第 1 次高潮不同的是，第 2 次高潮的结束就是中国又一次规模更大的科技翻译高潮的兴起。第 2 次高潮的起因是中国实施的改革开放政策，其高潮兴起的标志是一批国家重大引进项目开始实施，如大庆 30 万吨乙烯原料工程引进项目、上海宝山钢厂成套设备引进项目等。伴随着这些引进项目。西方国家的科技文献数据及技术专家开始大量进入中国。

从上述回顾中不难得出这样的结论：经济建设高潮带动了科技翻译事业的发展，大规模技术引进引发了科技翻译高潮，这表明国家经济建设离不开科技翻译工作。随着中国经济建设规模的日益扩大，今后科技翻译的重要性将更加突出。入世后大量经济、贸易和技术的交流与合作无疑会触发第 3 次科技翻译高潮。

"入世"后中国已进入世界经济体系，外资将大量进入中国，这将又是一次大规模的先进技术引进过程，而且该过程将持续相当长的一个时期，第 3 次科技翻译高潮将不断高涨。

二、科技英语的特点

（一）科技英语与普通英语的联系

从构成语言的语音、词汇和语法这 3 大要素来说，科技英语和普通英语本质上都是一样的，"用以表达科学和技术各种事实的语言当然不是与日常语言不同的一种语言"。

在语音上，科技英语使用的仍是普通英语的语音系统，其读音规则和发音方法并无丝毫变化。

在词汇上，科技英语中虽然含有大量专业技术词汇和术语，但其基本词汇都是普通英语中固有的。即使在专业性极强的科技英语文章中，普通词汇也远较专业词汇多，且专业词汇的含义往往与普通词汇的含义有着千丝万缕的关系。

在语法上，科技英语虽然有明显的特点，如大量使用被动语态、非谓语动词、名词化结构和从句等，但仍未摆脱普通英语的语法规则，并无独立的词法和句法结构。

（二）科技英语的文体特点

对于科技英语或者说专业英语，大多数人都认为就是一般英语加上一些专业词汇。实际上，科技英语在文体和语法结构上都有着很多与日常英语迥然不同的特点。科技文章文体的特点是：清晰、准确、精练、严密。那么，科技文章的语言结构特色在翻译过程中如何处理，这是进行英汉科技翻译时需要探讨的问题。

1. 词汇特点

科技英语并非一种新的英语，而是全民语言用于理、工、农、医等自然题材时所产生的语言变体。虽然它有一些特有的专业词汇，但是基本词汇多属于英语共核部分。因为科技英语的目的是传播科技知识、论证原理、得出结论，对每一个观点都要提出严格的论据。因此，在论证过程中，一定要有条理、层次分明地把握事物的内在规律，将论证过程准确无误地体现在自己的著作中。所以，科技英语词汇无论在用词还是造句方面都具有特色。

科技英语的词汇分为3类：纯科技词汇、通用科技词汇和半科技词汇。

（1）纯科技词汇（即在不同专业中使用的专业技术词汇）。

这种词汇在科技英语中出现频率最低，其特点是严谨、规范、词义单一、使用范围狭窄，而且多是国际上通用的，所以专业程度很高。例如：hydroxide（级氧化物），isotope（同位素），diode（二极管），carburetor（汽化器），steradian（球面度），infinity（无穷大）等。

（2）通用科技词汇（即不同专业都要经常使用的通用词汇）。

这种词汇在科技英语中出现概率较高，词汇量也较大，其特点是词义比较单一，使用范围较纯科技词汇而言相对广一些。例如：frequency（频率），density（密度），speed（速度）等。

（3）半科技词汇（即在科技英语中使用的普通词汇）。

这种词汇在科技英语中出现频率最高，量也极大，较难掌握。半科技词汇除了本身的基本词义外，在不同的专业中又有不同的词义，其特点是词义繁多、用词灵活、搭配形式多样、使用范围极广。例如：feed（喂养、供水、输送、加载、电源）等。

2. 句法特点

科技语言是以文字语言为主，辅以数学语言和工程图学语言，以承载科技思想为职能，以词汇含义量扩大、句型扩展、句子成分之间关系复杂、用词力求准确经济、语法结构严密和所要表达的思想全部字面化为主要特点的一种语言。科技英语（English for Science and Technology，EST）作为特殊英语（English for Special Purposes，ESP）的一个分支，在词汇构成、遣词造句等方面具有其自身的特点。科技语体的特征可归结为“不追求语言的艺术性，而把适切性、准确性、客观性、逻辑性、连贯性、简明性和规格性作为它的基本特征”。

科技英语把英语和专业知识紧密结合起来，用专业语言来说明客观存在的事物或事实。叙述要求客观、真实、明确、简洁，这就决定了科技英语的句法特点：大量多用被动结构、广泛使用非谓语动词、大量使用名词化结构、短语动词多、后置定语多、多用长句、大量使用一般现在时态和频繁使用无特定主语句。

（1）大量使用被动结构。

当句子主语所指的人或物是动作的承受者或遭受者时，动词的形式就是被动语态。被动语态在科技英语中广泛使用。据国外语言学家的统计，在物理、化学、工程类的英语教科书里，全部限定动词中至少有1/3用被动语态。大量使用被动语态是科技英语的一大特色。

被动结构的特点及其被广泛使用的原因之一是被动结构有助于将事物、过程和结果置于句子的中心地位，突出所要论证和说明的对象。这正体现了科技作者撰文时着眼于演绎论证结果的偏好；二是被动结构的表达较之主动结构而言相对客观些，避开了人的主观感觉及其投射出的感情色彩，这些都符合科技作品在描述现象、论证规律、分析事理及推导关系时对于客观公正性的要求；三是被动结构可使句子更为紧凑、简洁，符合科技文章崇尚准确、严谨和精炼的标准。如以下例子所示。

例1：In fact, this entire process might be repeated several times, with more programming detail added at each stage. Once the overall program strategy has been clearly established, then the syntactic details of the language can be considered, such an approach is often referred to as "top-down" programming.

上例句子中竟有5处出现被动语态，这在科技英语中并非鲜见特例。一般的说明书都充满了这种被动语态结构。

（2）广泛使用非谓语动词。

为了叙述简洁明了，科技英语中大量使用非谓语动词，包括过去分词、现在分词、动名词和动词不定式。非谓语动词使句子结构严谨、逻辑性强，但也加深了理解和翻译的难度，遇到这类句子时一定要理清脉络，分析清楚其成分，才能准确理解句意，从而正确进行翻译。

（3）名词化结构的广泛使用。

名词化是科技英语的一个重要语体标记。它是指把句子中的动词或形容词转换为名词或名词词组，从而使名词或名词词组获得动词或形容词的意义而具有名词的语法功能。夸克（Randolph Quirk）曾对名词化这样定义：一个名词短语和一个分句结构有系统的对应关系叫作名词化。

例2：

①If you expose the item for long, it will rapidly deteriorate.

②Prolonged exposure will result in rapid deterioration of the item.

在这组句子中，有两个名词化现象。句①中条件状语从句中的谓语转化为句②中的主语，并且增加了一个动词词组来说明主句与从句的关系。同时句①中主句的谓语动词转化为句②的宾语。这样一转化，句①由一个复合句变为句②这样一个只有一个主谓结构的简单句，从而使句子结构更加精炼，语体更加正式。这类在句②中出现的名词与其说是表达名称，不如说是表达动作更为精确。虽然在传统意义上仍为名词，但有些学者把它们称为行为名词。因此不难看出，动词名词化的结果使科技英语中的行为名词出现频率大大增加。这些行为名词可由动词加上-tion，-ment，-ance，-ence，-sion，-xion 等后缀构成，可表示动作、手段、结果及条件等。

科技英语文章中，名词化结构大量使用，原因在于：首先，科技英语的“说理性”是名词化结构大量存在的理论根据。科技文献是以记录客观事物为基础的，要求用词简练、表达确切、结构严密、描述客观。名词化结构用短语形式表达一个句子，结构严谨、信息高度集中。由于动词所体现的事件被名词化，它就不再是动态的过程，而变为一种静态事物。多种过程都被冷冻化、静态化，上升为高度抽象、高度理性的世界。其次，科技英语的“客观性”也需要大量使用名词化结构。科技英语要求客观、准确，尽量减少使用感情色彩的词语和语义模糊的词语。名词化结构正好避免了这种可能性，很好地体现了科技英语的特点。同时，名词化结构能够以简洁的形式表达复杂的语义，符合语篇的经济性。

（4）短语动词多。

科技英语文章中常见短语动词类型有“动词+介词”“动词+副词”“动词+副词+介词”“动词+名词”“动词+名词+介词”等，其中一部分仍具有原动词的含义，另一部分的含义则与原动词相去甚远，能构成短语动词的，往往是一些最常用的动词，如 make，take，get，go，bring，set 等。

（5）后置定语多。

科技学者们为了明确地、完整地表达一个概念，经常利用从句或短语修饰各种成分，使句子显得很长。为了使句子保持平衡，更加突出句子的语义，往往把较短的句子成分提前，或者把本该紧跟某些词类的成分后置。除此之外，这类文献中还不乏插入成分，这样就不可避免地出现后置现象。形容词后置短语做后置定语可以看作是定语从句的省略形式，其作用是对所修饰的词语加以严格的限定和准确的说明，同时又使句子结构简单紧凑。常见的结构有：形容词及形容词短语、不定式等。

第二节　术语及一些特定词的翻译

术语是表达概念的符号，各技术领域和学科分支都有严密的概念体系。概念体系主要是通过一定的术语来传达的。在特定的领域内，每个术语都有确定的意义和译法。

古词在日常的文本中几乎绝迹，但有些古词，如 thereto，thereon，thereof，whereof，whereon，whereto，hereafter，hereon 以及 said（上述的），same（所述之人、所提之事）等，在科技法律文档中却屡见不鲜，有特定用法。

一、术语的翻译

学科或行业语境潜在地规约了行业人员的语言游戏规则。行业语境包括某一特定行业的术语、话语结构、表达习惯等建立起来的一整套自然的、社会的和思维的网络。翻译人员要了解有关行业的背景知识与行业语境。例如，在日常用语中，defect，flaw，imperfection 都有“缺点”“不完美”之意，是近义词，用法上并不严格，但在 ASME（American Society of Mechanical Engineers）的规范中确有明显的区分。

例 3：

①Defect—one or more flaws whose aggregate size，shape，orientation，location，or properties do not meet specified acceptance criteria are rejectable.

译文：缺陷——一个或一个以上的伤，在尺寸、形状、去向、位置或性能上合计起来不能满足规定的验收标准而被拒收。

②Flaw—An imperfection or discontinuity，that maybe detectable by NDE and is not necessarily rejectable.

译文：伤——用无声检测可检测的一种瑕疵或不连续，并不一定拒收。

③ Imperfection—A departure of a quality characteristic from its intended condition.

译文：瑕疵——质量特性偏离了预设条件。

以上对 defect，flaw，imperfection 作了明确定义。对“缺陷”“伤”或“瑕疵”必是不合格。从形态、性质和程度上作了严格规定。有缺陷（defect）的是不合格的产品，而有伤（flaw）或瑕疵（imperfection）的产品未必不合格。

所以，术语翻译的基本要求首先是准确，这里的“准确”不是一般意义上的准确，而是遵循行业规定、符合行业习惯。

(一) 准确

准确是科技翻译的出发点，尤以术语翻译为重。要达到准确，首先要对原文有充分的理解。例如，与汉语“码头”相对应的英语词有许多，如 wharf, quay, dock, terminal 等，这些词本身意义上有一定差别，汉译时要有所体现。

例 4：The original reduction cell was basically a derivative of the Kaiser P-69, centre-break, end to end, end riser design. Since early days, significantly improved construction practices and increased the stub hole flute angle. Cell operating parameters were adjusted in order to achieve desired freeze profile.

原译：当时电解槽的类型基本上是凯撒铝业公司 P-69 型的翻版，该电解槽采用中间打壳、头对头、端部提升机设计。从那时起，公司显著提高了建筑水平并且增大了导电棒孔切口的角度，调整了电解槽的工作参数，以便获得理想的凝固外形。

改译：电解槽基本上是凯撒铝业公司 P-69 型的翻版：中部下料、纵置、端部立柱母线设计。公司早就提高了建炉水平，增大了导电棒孔切口的角度，调整了电解槽的工作参数，以获得理想的槽膛。

原译者对 centre-break, end to end, end riser design 等专用语不理解，以至不能翻译好这类结构简单的句子。

(二) 循规与入行

1. 循规

从事科技翻译的译者要掌握科学技术用语，熟悉有关技术标准和技术文件的术语规定，以便遵循行业规范。否则，译文可能成问题，

2. 入行

俗语说：到什么山唱什么歌。那么，做哪行翻译就要说哪行的话，即符合专业语境。

例 5：As with the locomotive bogie, the coach bogie is a four-wheel or six-wheel truck, supporting the coach-end through the medium of a pivot, and with freedom to swing.

原译：同机车转向架一样，客车转向架也是四轮或六轮的，利用枢轴支承车厢的端部，使之可以自由转动。

以上“四轮或六轮的”应改译为“二轴或三轴的”。原译虽然可以理解，

但不是行话，令专业读者感到别扭。

（三）外来术语定名法

术语翻译以“音义结合”最为理想。例如，WWW（World Wide Web）译为“万维网”。“维”是几何学及空间理论的基本概念，构成空间的每一个因素（如长、宽、高）。“万维网”意为连接无数个小网的大网。“W”分别是“万”“维”“网”三字汉语拼音的开头字母。所以把 WWW 译为“万维网”，可说是神音（形）兼备。又如，hacker 是指用非法手段进入他人电子系统窃取秘密信息的人，译为“黑客”，与原语发音相近，且令人联想起黑夜蒙面的盗贼，也是神音（形）兼备。

外来术语定名的译法除了偶有以上妙译之外，主要有四种：意译、音译、半音半意译（音义结合）、音译后加说明词。

1. 意译

针对原文的意义，找出具有对等意义的词语。

horse power 马力

computer 计算机

hardware 硬件

system engineer 系统工程

2. 音译

按照原文发音，用汉语拼音译出文字：OPEC 欧佩克、ton 吨、watt 瓦特、tank 坦克。

3. 半音半意译

音译和意译相结合，兼有音译和意译的优点：logic 逻辑、kilovolt 千伏、sonar 声呐、Amper' s Law 安培定律。

4. 音译后加说明词

说明词表示事物的类别、属性，作为对音译的补充，例如：monel 蒙氏合金、neon 霓虹灯、jeep 吉普车等。

除了以上四种主要译法外，还有多种译法。如（1）形译（像译）：T-square 丁字尺，I-steel 工字钢，V-belt 三角皮带。按外文字母译：X-ray X 射线，A-star A 型星。（2）造新字：entropy 熵，oxygen 氧，hydroxy 羟（基）。（3）采用简称：Celsius thermometer 摄氏温度计，Vickers hardness 维氏硬度。此外，从翻译史看，还有采用日本语中的汉字构成术语的，如“客观”“物质”“元素”“固体”“细胞”等。另外，中国大陆以意译为主，音译为辅；而中国港台地区较多音译。因此，同一事物有不同称呼。

二、特定词的翻译

科技文体中有很多特定术语词的翻译，下面主要介绍几种特定词的翻译方法。

（一）情态动词

技术标准、技术合同等的条款经常要表示不同的情态意义。有的条款的执行有强制性，有的只是推荐，不受制约，有的推出建议或希望、可能等。所以，在法律文档中 shall，should，may，will，can 等情态动词俯首即拾，其出现频率大大超过普通科技英语和日常英语。

国际标准化组织（ISO）在“国际标准与技术报告编写指南”中明确指出：如表达重要的（带强制性的）技术要求，得使用助动词 shall（应该，必须）；表示建议性（自愿性的）技术要求，得使用助动词 should（要）。下面一段文字，各句的谓语均由情态动词构成，主要形式为 modal V+be+V-ed。

例 6：If the above requirement cannot be satisfied, a new measurement surface shall be chosen. The new measurement surface shall have a smaller total area, but shall still lie outside the near field. Alternatively, the ratio A/S may be increased by introducing additional sound absorptive materials into the test room and then redetermining the value of the ratio A/S under the new condition.

译文：如果上述要求不能满足，应选取新的测量面。新的测量面总面积应比较小，但仍应位于近场之外。反之，测试室内铺设附加的吸声材料，然后在新的条件下再来确定 A/S 值。这样可使 A/S 值增大。

以上不同的情态动词有不同的意义，在翻译时需要准确把握情态动词的含义。

1. shall

shall 是条约、法令、公告中表示义务或规定的常用词，是用得最多的情态动词，用来表达各项具体规定与要求，带有指令性与强制性。有的编制准则明确规定其用法。

The word “shall” is used for all contractually binding requirements. （shall 用于表达契约规定的具有约束力的各项要求。）

2. should

should 也表示应当或必要，但不如 shall 坚定与强硬，语气较委婉，不带制约性，往往有“这样才确当”的意思。

（二）古词

这里，古词指由 there+prep.，where+prep. 和 here+prep. 构成的关联词，在严谨的科技文体和法律语言中频繁使用，而在其他语言中已难遇到。

1. there+prep.

这类词如 thereto，thereon，therein，thereof，thereat，therethrough 等，其中，there 相当于 that 或指句子前面已出现过的某个名词或名词词组，thereto 相当于 to that。

例 7：Measurements of the bath temperature may be taken at a time sufficiently in advance of the end of refining period so adjustment can be made thereto.

译文：在精炼期结束之前，每次都要对熔池温度作充分测定，以便对此加以调整。

句中 thereto 即 to that，亦即 to the bath temperature。

2. where+prep.

这类词有 whereby，wherein，whereat，whereof，wherefore，whereupon 等，其中，where 相当于 which，whereto 即 to which。

例 8：Feedwater to be heated is circulated through tubes in the shell in heat exchange relation to the steam whereby a portion of the steam is condensed.

译文：待加热的给水，通过汽包内管子循环与蒸汽进行热交换，这样，部分蒸汽冷凝。

句中，whereby 即 by which 或 by means of which，which = heat exchange relation。

3. where+prep.

这这类词有 hereto，herein，hereunder，hereinafter，hereinabove 等，其中，here 相当于 this，指本专利文献或有关文件，hereto 相当于 to this。

第三节　体裁分析与翻译

体裁是构成语篇特征的基本要素之一，在语篇结构层面对语篇的形成具有制约作用。所以，体裁分析（genre analysis，也称语类分析）有助于解析语篇的组织模式，从而挖掘特定语篇所具有的宏观认知结构。体裁分析，一般针对具有鲜明内部结构特征的语篇，不仅分析宏观的语篇结构，也分析实现这些结构的微观词汇语法模式（lexico-grammatical pattern），从而揭示人们对某一体裁的集体期待视野。

体裁分析一般要回答这样一些问题：人们在运用语言进行社会交往时应遵循什么样的体式或程式？这样的体式或程式具有什么样的交际目的？体裁对于语篇的建构起着什么样的制约作用？特定的体裁结构在词汇和语法层面上有哪些特定的表现形式？

体裁分析强调语篇的目的及与此相适应的语言的策略技巧。翻译也要求采用与语篇目的相适应的技巧。专利说明书是法律和技术有机结合的具有法律效力的文本，目的在于保护专利拥有者的权益，防止他人侵犯；标准是对工农业生产、工程建设、物流等方面的质量、规格、检验方法等所制定的技术规定，是人们从事生产建设的共同依据。合同是双方或几方在办理某事时，为了确定各自的权利和义务而订立的共同遵守的条文。无论专利说明书、标准，还是合同都有规范社会行为、保护个人、社会或国家利益的法律功能。出于这样的目的，从语言策略上考虑，专利说明书、标准或合同必须具备篇章的完整性、条款的互补性、结构的严密性和语言的正式性。

国际常用的这类英文文本，经过旷日持久的实践，无数人次的磨合，出现了一些“范本”和条款的“范句”，格式相对固定，语句多有套路，可最大限度地避免“一方得益，另方受损”的漏洞，翻译时常作为平行文本，有的条款甚至可以照抄照搬。在翻译过程中，译者应充分考虑该类语篇的社会归约性，了解不同文化对同一体裁的各自期待视野，并将此视为翻译重构的基础。

当然，体裁的社会规约性并不意味着体裁是一成不变的。一方面，体裁是动态的，随历史的发展而变化；也因社会文化而不同，“同一”体裁在不同社会群体中有差异。另一方面，同一语言群体的同一体裁之间也存在差异，即语篇体裁结构潜势（generic structure potential）。其中有些成分是必需的，有些是可选性的，一些语篇成分的顺序可以有所变化。娴熟的体裁运用者可以在不破坏体裁基本结构的前提下发挥自己的创造性。

下面按韩礼德（Halliday）的语言功能三分法作体裁分析。

一、概念功能

概念功能（ideational function）或意念功能，是通过不同的过程及过程的参加者表现出来的。主要选择物质过程、关系过程、行为过程和存在过程以及参与这些过程的当事人（合同可能选择第三方，如见证人）来表达。

专利说明书和技术合同经常由懂技术的律师执笔，标准由专门机构审定，在概念表达上，只求充分，不顾通顺；在结构上，只求完整，不求简明。作者不考虑顺达，处处攀附所谓规范的格式；宁可牺牲其一目了然的清晰性，也要保证其斩钉截铁的确凿性。特别是专利说明书撰稿人把语言的概念功能推向极致，利用语言线性序列的无限性，使句子膨胀，句子成分前呼后拥、左右编插，即使本族语读者也颇费神思。

（一）物质过程与关系过程

1. 物质过程

专用科技文体中的物质和物质过程有严格的规定性，翻译时要字证句凿，有板有眼。

2. 关系过程

关系过程的描述包括人与人、物与物、人与物的各种关系。合同当事人（包括单位）的关系贯穿着整个语篇，合同首句开宗明义，照译即可。

例 9：China Broadcasting Products Import & Export Corporation（hereinafter referred to as "SINO"）and Foreign Advance Broad - casting Ltd., Holland（hereinafter referred to as "INVESTOR"）have entered into contract with the terms and conditions as follows.

译文：中国广播器材进出口公司（下称"SINO"）与荷兰国外现代广播有限公司（下称"INVESTOR"）已签订合同条款如下：……

当事人双方的权利和义务是对等的，因此有许多并行不悖的条文，如 Party A 起首的一个句子，紧接着又是 Party B 起首的句子；或是 Party A and Party B/Both Parties 起首；或是其他表示两者并行关系的并列句。

有时，科普读物的类似关系从字面上并不明确，往往要作解释性翻译。

（二）行为过程和存在过程

1. 行为过程

行为过程在体裁特征上的表现，中英文有时不一致，翻译时要做相应的调整。

2. 存在过程

有的合同专设条款 Duration 来说明合同行为的存在过程。合同的存在过程主要表现为期限性。

例 10：We agree to abide by this tender for the period of 14 days from the dare fixed for receiving the same.

译文：我们在收到标书之日起 14 天内遵守本标书。

表示存在过程经常用时间状语从句。

二、交际功能

交际功能（或人际功能）涉及作者、读者及语篇中的关系人的社会身份和三者之间的关系及其与语篇的相互作用。

科普读物的作者是交际的控制者，语篇内容、语式均由作者控制，但是读者对语篇也有反作用。如果科普作者不顾读者知识水平、接受能力、兴趣爱好，一味自我陶醉、自我欣赏，交际也可能失败。

合同这一体裁的作者、读者及语篇关系人三位一体：合同的共同作者即合同当事人，而合同的读者主要也是合同当事人（在发生诉讼或作为案例时也可有其他读者）。所以，一般意义上的作者、读者、语篇关系人三者之间的关系，就合同来说，即当事人之间的关系。

从交际目的看，专利说明书的起草人从保护发明人的权益出发，利用语言本身具备的交际功能，步步为营，处处设防，拒他人于发明人的权益之外，防止他人可能的形形色色的侵权行为。起草人既要让读者了解发明的全部内容，又要防止读者在了解其内容后作改头换面的工作，侵犯发明人的权益。所以起草人的心理是既要放又要收，既要读者了解又不想使读者充分了解其发明的一二处核心内容。因此，在实施方案中有的故意在关键处留一手，如数据不详或失实，配方略作改动等，使他人不能实施其发明（尽管专利法要求按实施方案能够实施其发明）。读者阅读的目的通常在于了解新技术、新发明，其中也不免有想利用该项新发明的部分内容的。所以起草人（发明人的代理）与读者始终处于矛盾的、对立的地位：防患与被防患。

技术标准语篇的交际功能涉及标准的制订者和执行者，涉及两者在特定技术领域中的社会身份，以及两者之间的关系与语篇之间的相互作用。（技术标准的大量读者并非标准的执行者，他们只是把技术标准当作一种了解行情、制订规划的参照性读物，技术标准对他们无约束力。他们对技术标准语篇的表达也无丝毫影响，制订者在语篇的交际对象中也不考虑这样的读者。）就制订者和执行者的交际双方的地位来说，制订者处于上层，支配着下层的执行者，因为标准的制订者或是权威的标准化组织或是国家的行政部门（或其委托的部门）。这样，制订者（语篇的作者）就是交际的控制者，执行者只得言听计从。当然执行者（兼读者）对语篇作用和语篇内容也有反作用：作者在构思和制定语篇时要考虑执行者的意见和状况，考虑旁观条件，包括技术装备、技术水平和物质力量等。

正是作者，读者及语篇关系人的社会身份及其关系决定着撰写不同语篇的不同语言策略：情态的运用和交际控制。

（一）情态

情态是指发话者对自己所谈的命题的成功性或有效性做出的判断。科普文体中常有或然性、必然性、假设、推测、可能性等情态表示。技术合同以达到当事人的目的为宗旨，标准文献以各类产品的标准化为目的，专利说明书以保护发明人权益为根本。为此，上述文档中作了许多强制性的或有条件的规定。在表达各项具体规定时，以使用情态词 shall 为最多，因为它带有命令性和强制性，其次为 must，may，will。这些，在翻译时必然予以明确表达。

（二）交际控制

合同的拟订者即合同文本的关系人及读者，合同的拟订者或其当事人就是交际的控制者。当事人都以己方利益不受损害为原则，控制着谈话的语气和措辞。在合同中，一扫传统英语委婉（euphemism）和客套（courtesy）的用语习惯，采用直接表达不加修饰的直接陈述，以免节外生枝。

三、语篇功能

语篇功能（语段功能）涉及主位与述位、已知信息与未知信息、衔接与连贯以及语篇的整体结构等问题。

（一）整体结构

普通科技文体品类繁多，各种文字品种的整体结构很不一样。使用手册往往先介绍产品结构，促销材料先介绍公司形象，安全条例先强调安全要求，科普读物常有一段引人入胜的开场白。相对而言，专用科技文章的整体结构比较固定。

合同、标准、专利说明书之类的语篇有基本固定的程式，其整体结构像一个柜子。合同的顶部，即前文，简单明了地交代签署合同的原因以及时间、地点和当事人。同样，它也有形式上变化不大的底部，即合同的尾部。柜子的本体是标有 Chapter 1，Chapter 2，Chapter 3……，或标有 Section 1，Section 2，Section 3……的层次分明的横挡；各横挡下又顺次分格，诸如 Article 1，Article 2，Article 3……，或 Clause 1，Clause 2，Clause 3……，本体中包含着合同的具体内容，详尽而又周密。

标准则从适用范围、定义开始，然后提出要求，说明设备、材料、方法等，最后是附录（包括附图及有关数据等）。

专利说明书则由标头开始，依次是前言、发明背景、发明概况、附图及其简要说明，对实施方案的解释以及权项。

所以，专用科技文章，其语篇框架相对固定，单调严密。这是历史形成的，也是客观现实的需要。

（二）衔接

衔接（cohesion），或称词语连接，是指一段话中各部分在语法或词汇方面有联系，或两方面都有联系。这种联系可能存在于不同的句子之间，也可能存在于一句子的几个部分之间。衔接是语段、篇章的重要特征，由此区别于一些互不连贯、杂乱无章的句子的堆砌。

第四节　译文的得体

原语的一个词、一个词组、一个句子，甚至一个段落，在译入语里可能有几个同义形式。在翻译思维中有一个同义选择的层次。除了语言结构因素（如词性、词语搭配、上下文）之外，译入语的选择与文体有关。选择的目的是使译文得体——得相应文体之体。得体体现在遣词、造句、组篇的各层次。

一、遣词与造句

（一）遣词

国人写文章有“推敲”之说，典出唐朝诗人贾岛的诗句“鸟宿池边树，僧敲月下门”。起初贾岛想用“推”字，后又想用“敲”字。正在犹豫时，撞见韩愈。韩愈建议还是用“敲”字。这一字之改，却听得万籁俱寂中传出响声，动静结合，诗意更浓。于是“推敲”之说得以流传，成为美谈。在翻译中，炼字也十分重要。

词的得体主要在于同义词的选择。同义词中可以区别出不同的感情色彩和文体风格，如词义的褒贬、词的通俗或正式、词的口语或书面语色彩、日常用语或专业用语，等等。同义词产生的最主要原因，是人类对客观现实的认识不断深化。为了精确地表达意义的细微差别，便有了许多同义词。译者要精确地表达思想，就必须特别注意同义词的差别。以科技文体而论，一般要选择词义严谨的词、符合专业特征的词、与上下文能匹配的词。

（二）造句

句子是表示一个完整意思的最小语言单位。句子的功能转换以词和词组的功能转换为基础，又要兼顾段落、篇章的和谐统一。在词、词组、句子、语段、篇章这五个主要语言平面中，句子是上下运转的轴心，也是翻译过程的主要着力点。译者经常以句子为单位来组织和安排信息单元。

在造句时需要把握以下策略：（1）适当运用翻译技巧；（2）化整为零与散居归一；（3）合理安排结构成分。

二、组篇

篇章是结构和翻译的最大单位。译者以求得译文篇章的意义相符、功能相当为最终目标。当然，译文篇章的意义相符、功能相当是以句子、语段为基础的，甚至包括词和词组指称、言内、语用的相符。语言学家对篇章的定义并不一致。威多森（Widdowson）把篇章当作"句群使用"。但有人认为篇章未必是句群，路上的指示牌"Danger!"、呼救语"Help!"等都是篇章。韩礼德认为"篇章是一个语义单位""是一个不停的语义选择的过程"。戴博格兰特（de Beaugrande）等提出"篇章可以定义为符合七条篇章性标准的交际行为"。

这七条标准是：衔接、连贯、有目的、可接受、含信息、含情景和互文性。按照汉语语法学家的传统看法，可与后一说法相比照。"结词成句，集句成段，连段成章"，大致跟七条中的前两条"衔接"与"连贯"相当，这是从结构形式上讲。另一方面，汉语语法学家一般认为篇章是表达一个完整思想的单位。它可以交代一件事情（或事情的一部分），可以描写一个人物或景物，也可以针对某一问题表示看法等等，这大致跟七条中的后五条有关。

（一）衔接与连贯

语段的衔接与连贯着眼于句子与句子之间的关系，而篇章的衔接与连贯着眼于语段与语段或段落与段落之间的关系。篇章的衔接亦是通过词汇或语法手段使文脉相通，形成篇章的有形网络。而连贯（coherence）是指以信息发出者和接受者双方共同了解的情景为基础，通过推理来达到语义的连贯，这是篇章的无形网络。语义连贯是构成话语的重要标志。译者也只有在理解句间、段间的语义关系的基础上对连贯的语义作整体把握，才能传意达旨。

例 11：Without a steady supply of fresh blood, without the oxygen it carries, the human brain is quickly impaired. In four minutes, brain cells, starved for oxygen, begin to die, and serious brain damage results. In another few minutes, the brain is completely destroyed.

This was the crux of a stubborn problem. The heart could not betaken out of action for more than four minutes - very little time to repair a heart defect. Until a solution could be found, operation on the open heart would be impossible.

译文：人脑如果得不到稳定的新鲜血液，得不到血液中的氧，就会很快受到损伤。大脑细胞缺氧四分钟后就会死亡，导致严重的脑损伤；再过几分钟，大脑就将彻底损坏。心脏停止跳动亦不能超过四分钟——用这点时间来修补心脏缺陷是远远不够的。问题难就难在这里。不解决这个问题，就不可能打开心脏进行手术。

两段原文中“human brain”和“heart”的语义联系密切。译者跟原文作者都有关于大脑与心脏的知识，因此，通读原文，通过逻辑推理译者不难理解原意。为了充分表达原意，译者把关键词“人脑”和“心脏”分别提到段首，作为已知信息，还特别对第二段的句序作了调整，以使语意贯通。

（二）布局

译文的布局常为译者所忽视。从语篇角度来看，布局主要指段落安排。虽然关于谋篇布局原作已成定势，但局部的调整也是常有的事。这是因为两国语言段落划分的标准不一样。一般来说，英语的自然段较短，二到三句语义相关的话放在一起即可成段。英语一句话述说一件事，构成自然段的情况也很多。汉语自然段经常大于英语的自然段，强调段落中心意思的单一性和完整性。如以下英文原文的段落在汉译时需调整。

例 12：A ball has no power by which it can put itself in motion but as soon as you throw it, you impart energy to it arid this is why it speeds through the air. When the ball is once put into motion, it would continue moving on in a straight line for an indefinite length of time unless the resistance of the air and the pull of gravity opposed it and made it fall. The ball requires a certain length of time for starting and, likewise, for stopping. It is this property that one calls inertia.

An electric current acts in that very way, that is to say it takes time to start and once started it takes time to stop. The factor of the circuit to make it act like that is its inductance.

In its effect, inductance may be also compared to the inertia of water flowing in a pipe.

译文：球本身并不具有使其进入运动状态的动力，但你一掷它，就给了它能量，这就是球为什么快速飞入空中的道理。球一旦进入运动状态，就会沿着直线无限期地继续运动下去，除非空气的阻力和重力的拉力阻止它并使它落下来。这个球需要一定的时间起动，同样也需要一定的时间停止。这个性质就是人们所称的惯性。

电流的动作方式也是这样，即：它需要时间起动，而一旦起动了，则需要时间停止。使电流这样动作的电路因素是它的电感。就效果而言，电感也可比作在管子里流动的水的惯性。

原文中，第一段讲球（物体）的惯性，第二段将电感与物体惯性相比较，第三段将电感与流动的水的惯性相比较。第一段意思单一而完整，译成汉语可以独立成段。第二、三段从不同角度来讨论电感与惯性关系，形成两个自然段。从汉语逻辑来看，两段意义属同一中心，紧密相连，因此应将第二、三段合并译出。

第六章　计算机辅助翻译

第一节　从机器翻译到计算机辅助翻译

人类很早就有了利用机器来进行翻译的梦想，经过先驱们坚持不懈的尝试和努力，这样的梦想变成了现实。可以说，机器翻译的发展经历了一条曲折的道路，而计算机辅助翻译的出现，在很大程度上弥补了机器翻译的不足。

一、机器翻译

由于核心技术和算法的不同，机器翻译可分为多种类型，下面举例说明其中四种主要类型。

（一）基于规则的机器翻译

基于规则是指机器翻译系统建立在语言规则的基础上，包括直接法、转换法和中间语言法。

1. 直接法

直接法是指把源语（Source Language，SL）的单词和句子直接替换成目标语（Target Language，TL）的单词和句子，在必要的时候对语序进行适当调整，其原理如图 6-1 所示。

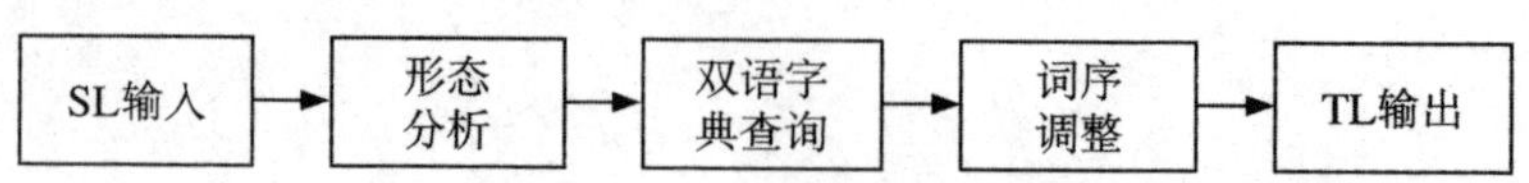

图 6-1　直接法原理图

美国乔治敦大学研制的系统就是非常典型的直接法系统。美国空军使用的系统的词典有16.8万个词干形式和13.6万个单词，可进行俄英翻译，每小时能翻译15万词；而美国拉特塞克（Latsec）公司使用的系统，可进行俄英、英俄、德英、汉法、汉英的翻译，每小时可翻译30到35万词，是目前应用最广泛、可译语种最多的实用化机器翻译系统。但是，基于直接法的翻译系统有很大的局限，一般只能针对特定的语言对来设计。如果目标语改变了，系统有时候必须做很大的改动，因此移植性较差，通用性不强。

2. 转换法

转换法是指利用中间表达式在源语和目标语之间过渡，可进一步分为句法转换和语义转换。句法转换是指以树形图（tree diagram）分析源语句子结构，形成树形表达式。这种方法会导致出现大量有歧义的树形图，从而使规则特别复杂。语义转换法多采用语义网络来避免句法层面上的歧义，但是分析和运算过程比较复杂。转换法分三个步骤进行：第一步是把源语转换成源语的表达式；第二步是把源语的表达式转换成目标语的表达式；第三步是把目标语的表达式转换成目标语，也就是译文。转换法的原理如图6-2所示。

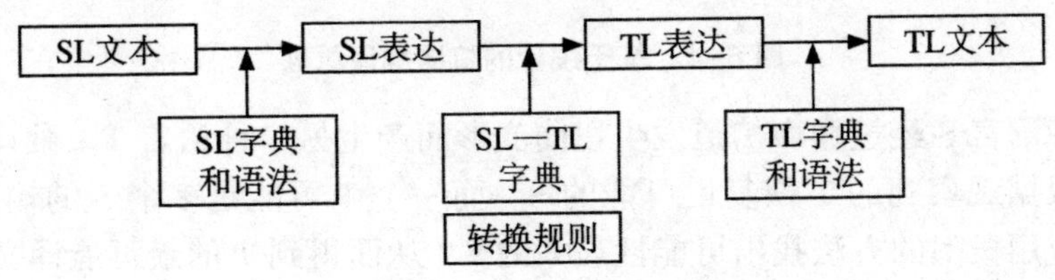

图6-2　转换法原理图

3. 中间语言法

中间语言法是指把源语转换成一种无歧义的、对任何语言都通用的中间语言（interlingua），再用目标语的词汇和句法结构表达中间语言的意义。这种方法的通用性比较强，在多语言环境下，只要有每种语言的分析和转换模块，就能很快实现任意两种语言间的互译，从而非常经济。假设有N种语言对需要进行互译，只需要2N个分析和生成模块就能实现任意两种语言间的互译了，其原理如图6-3所示。

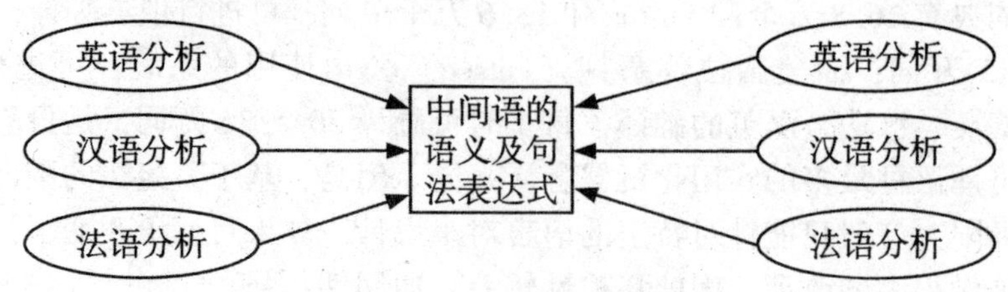

图 6-3 中间语言法结构图

（二）基于统计的机器翻译

韦弗（Weaver）最早在 1947 年提出了利用统计解决机器翻译问题的方法，但由于当时计算机性能和联机语料的限制，开发基于统计的机器翻译在技术上受到了限制。统计的方法是把机器翻译问题看成是一个噪声信道的问题，如图 6-4 所示。

S → 噪声信道 → T

图 6-4 基于统计的机器翻译原理

一种语言 S 经过噪声信道发生扭曲变形而产生另一种语言 T。翻译的问题就是要根据观察到的 T 恢复最可能的 S。而一个 T 可能是多个 S 的输出结果，所以要应用概率的方法找出可能性最大的 S，从而得到 T 的最可能译文 S。

（三）基于实例的机器翻译

基于实例的机器翻译思想最早是日本的机器翻译专家长尾真（Makoto Nagao）等人[1]提出来的。他们认为，可以在机器中存储一些原文和对应译文的实例，让系统参照这些实例进行类比翻译。这种系统的主要知识源是双语对齐实例库，库中源语片段与译文片段一一对齐。在输入新片段时，系统将新片段与实例库中的源语片段比较，找出最相似的片段，然后生成相应的译文，其原理如图 6-5 所示。

[1] Nagao, M. et al. Machine translation: The Japanese experience [A]. *Progress in Machine Translation* [C]. Amsterdam: IOS Press, 1993.

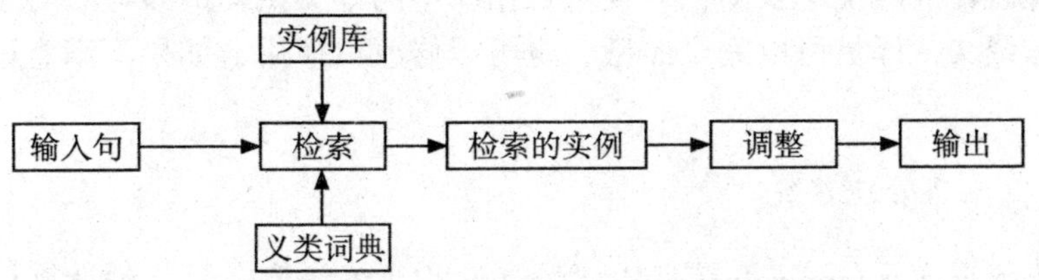

图 6-5　基于实例的机器翻译系统原理图

(四) 多引擎的机器翻译

以上三种方法各有长短。因此，将各种方法按照一定的方式集成起来，便构成了多引擎的机器翻译（Multi-engine MT）系统。在多引擎机器翻译系统中，集成了基于规则的机器翻译引擎（rule-based MT engine)、基于实例的机器翻译引擎（example-based MT engine）以及词汇转换引擎（lexical-transfer engine)，其原理如图 6-6 所示。

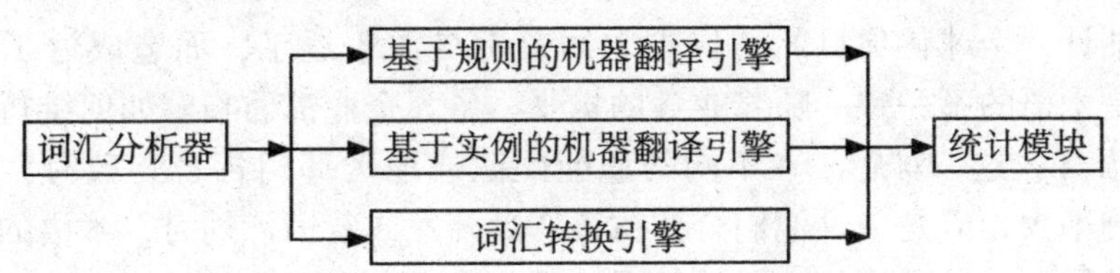

图 6-6　多引擎机器翻译的系统结构图

二、计算机辅助翻译

现行主流计算机辅助翻译工具采用的核心技术是翻译记忆，并与附带或独立存在的术语管理工具、翻译对齐工具、翻译流程管理工具等结合使用，对翻译流程进行最优化。

(一) 翻译记忆系统

翻译记忆是计算机辅助翻译的核心技术，是译员工作站的重要组成部分。鲍克（Bowker)[1] 将翻译记忆定义为“一种用于储存原文与对应译文的语言数据库”。其工作原理是将待译片段与数据库中已有的翻译片段比较，如果待译

[1] Bowker, L. Computer - aided Translation Technology: A Practical Introduction [M]. Ottawa: University of Ottawa Press, 2002.

片段与现有片段匹配率较高，则提供数据库中的译文供译员参考。对于系统提供的参考译文，译员可以完全照搬，也可以修改后使用，如果不满意可以弃之不用。

（二）术语管理系统

术语数据库（terminological data bank）也称术语库，是一种计算机化的术语集合。面向翻译的术语库一般是双语或多语对照词表，并附带其他相关信息，如学科范围、行业、定义、词性等，可以经过进一步加工，使之标准化后供不同的术语库吸收使用。

术语数据库最大的特点是能快速查询和及时更新，同时还可在其基础上进行各种新的研究和处理，对翻译工作有着重大影响。由于查询方便迅速，新词术语能及时补充，并有防止术语混乱的作用，因而可使翻译速度加快，译文质量得到提高。对于面向翻译的术语库，其建立原则、方法和格式由不同的用户根据具体需要来制定，并要求其使用者严格执行。术语库的改动、扩充和更新，也要统一掌握。

据估计，全球化项目的总成本中约有15%源于返工，而造成返工的主要原因就是术语的不一致。随着业务的扩张，各大企业都面临着如何维持一致的公司“语言”这一难题。在不同的职能团队或地区部门各自为政时，不一致问题影响不大。但是一旦他们合作执行产品开发或营销计划时，术语的差异就会不断地导致返工和代价高昂的延误。因此，术语管理尤其重要。

术语管理是用户内部的业务语言标准化的过程。确定、采集和部署这一独特的术语系统需要进行多方面的努力，包括：决定术语系统需求的范围和标准化的潜在好处；审查任何此前已有的词汇表、风格指南或正式沟通格式，以确定核心的术语库；对新术语系统进行编目、审阅和批准，并将其部署到所有相关者和用户的工作流程中；在每种目标语言中为每个术语确定唯一的可接受翻译；向内部作者、营销联络员和外部供应商提供访问已批准的术语库的权限。

通过使用共有的术语系统，能够消除不一致情形，并大大降低本地化和翻译的成本。在实际操作中，可以将术语管理和翻译记忆库一起完全集成到翻译过程中。翻译人员的工作界面使用一种可以及时弹出术语的工具，提醒翻译人员正确的术语，确保用户的术语系统得到遵守，并提高信息的质量和一致性。在翻译时对此问题加以控制，可以提高翻译人员的效率并加快质量校对进程，从而缩短总体周转时间。

(三) 对齐工具

这个工具允许用户将已有的翻译成果，即原文和译文，作一一对齐处理。对齐通常需要人工校对，才能达到译文与原文的完全匹配。对齐的单位可以是句子，也可以是句子以下的单位，如短语或单词。对齐后的结果可以导入翻译记忆库中，供以后翻译类似文本时使用。

(四) 翻译项目管理

同任何项目一样，翻译项目也需要管理，通常由项目经理来负责某一翻译工作的流程。翻译管理系统可将内容的准备、翻译、检查和发布程序合理化。在翻译项目管理工具中，项目经理可以通过管理系统，对照记忆库，对任何需要翻译的新内容进行分析。以往翻译的内容会自动返回给用户，而所有需要翻译的新内容则向下无缝发送至翻译链进行人工翻译，从而确保译文的高质量。这样，能够自动化人工集约型流程，免除不必要的人工操作，提高翻译产量，并缩短内容信息和产品的面市时间。

第二节 双语语料库与翻译

一、双语语料库的概念与类型划分

1961 年，世界上第一个机读语料库（Brown Corpus）在美国布朗大学诞生。从 20 世纪 80 年代开始，伴随着计算机技术的发展，出现了各种不同类型的第二代语料库，对语料库的应用开始上升到各个层面。双语语料库在第二语言习得、双语词典编纂、译员作品风格、机器翻译等领域中都得到了广泛的应用，成为与计算机辅助翻译联系最为紧密的语料库类型。双语语料库拥有大量原文与译文实例，能够在更大范围内方便译员或校对人员查找语言搭配、进行译文质量检查。双语语料库同译员培训结合起来则助于译员通过语境探索，对全语境条件下的原文及译文进行考察，进一步加强对两种语言之间异同的理解，也可以通过考察译员译文语料库评估译员培训的各个层面。

贝克（Baker）[1] 认为，双语语料库应分为三类：首先是平行语料库（parallel corpora，也称“对应语料库”），即通过将原语文本同译入语文本相对应后建成的文本库，对应层级包括单词级别、句子级别和段落级别。第二类是多语语料库（multilingual corpus），虽然称作是多语语料库，其实是由两个或多个不同语言的单语种语料文本通过同样的筛选规则搜集而成，不包括翻译文本，即多个单语种的原文本语料库。第三类为可比语料库（comparable corpus），既包括原语文本，又包括从其他语言翻译为此种语言的文本。

同另外两种双语语料库相比，与翻译实践，尤其是计算机辅助翻译实践与教学联系最紧密的当属平行（对应）语料库。这种语料库中含有大量真实的翻译句子对，为翻译实践、翻译教学、翻译语言研究和语言对比研究提供了良好的基础。同时，平行语料库本身也是计算机辅助翻译术语库与记忆库的存在形式与载体。目前，国外已建成许多这样的双语平行对应语料库。早期著名的包括加拿大议会文件文本（Bilingual Proceedings of Canadian Parliament）、英语挪威语平行语料库（English-Norwegian Parallel Corpus，ENPC），英语和法语对齐的加拿大议会文件文本，另外还有英语和意大利语、英语和德语对齐的平行语料库。目前，国内已建成的各种汉英平行语料库也属此类，如北外的通用英汉对应语料库（Chinese-English On-line，CEO）是属于句子级别的平行语料库，而《红楼梦》平行语料库则是属于段落级的平行语料库。

二、双语语料库的应用

随着语料库语言学研究的深入发展，双语语料库正在得到越来越广泛的关注与应用。对语料库和翻译的研究一般集中在理论与实践两方面。从理论上来讲，语料库为翻译过程的研究提供了原材料。从实践上来说，如何开发一种软件让译员在日常的翻译活动中能够利用双语语料库来进行翻译？换句话说，双语语料库最重要的用途之一是译员可以看到对齐好的前人所做的译文，同时也让翻译研究学者有机会考察在单语语料库中难以发现的语言之间的对应和差异。

在同翻译相关的活动和研究中，平行语料库有多大作为呢？王克非[2]认为，目前基于双语语料库的应用领域主要包括语料库语言学、双语词库的提取和辞典编纂和语言工程，如机器翻译等。双语语料库中存储的大量真实翻译实

---

[1] Baker, M. Corpora in translation studies—an overview and some suggestions for future research ［J］. *Target*, 1995 (2): 223-243.

[2] 王克非 . 双语对应语料库：研制与应用［M］. 北京：外语教学与研究出版社，2004.

例不仅为译员培训提供了良好的素材，译员本身产生的译文也可以集中成语料库对译员进行考察。

语料库，尤其是双语平行（对应）语料库，可以为机器翻译提供真实的译文实例，从而帮助改进机器译文系统。同时，双语语料库中的对应文本还有助于进一步认识翻译过程。对于翻译实践来说，语料库还可以作为翻译人员的参考工具，帮助译员提高翻译质量。总的来说，培养译员、双语词典编纂及机器翻译是双语语料库最普遍而广泛的应用范畴。

（一）国内外双语语料库检索

大型的双语语料库可以从词语搭配、术语规范等方面进行多方位的译员培训。下面介绍几个著名的双语翻译语料库。

1. 兰卡斯特大学的英汉平行语料库 The Babel English - Chinese Parallel Corpu

此语料库由肖忠华研制，检索地址为 http：//www. lancs. ac. uk/fass/projects/corpus/babel/babel. htm，可以在线按照英文或中文单词进行检索。

2. 中英双语在线

利用语料库进行翻译研究在中国起步较晚，但是发展很快，目前国内最热门的大型双语语料库是北外的通用英汉对应语料库。这是一个汉英双语平行语料库，搜集量大，包括小说等各种题材，并且免费提供了测试版本，检索地址为 http：//www. fleric. org. cn/ceo。双语平行语料库以其大量的对译材料为语言和翻译研究提供了新的途径。

3. Babel 汉英平行语料库

该语料库由北大计算机语言所常宝宝等人研发，其中英汉对齐的句子已有五万多对，并开发了相应的对齐工具和双语语料库管理软件。在此基础上做汉英对照短语库，预计其规模将达数十万条。

4. 红楼梦汉英平行语料库

此语料库属于“新加坡教育研究语料库”（Singapore Corpus of Research in Education）项目的一部分。网上提供测试的数据包括曹雪芹原文的第一章到第六章，以及第八章到十三章共 12 个章节，以及霍克斯（Hawkes）和杨氏夫妇的英语译文。目前的测试数据还没有乔利（Joly）和邦赛尔（Bonsell）的译文。在此语料库中，可分别检索汉语或者英语，也可以同时检索两种语言。

5. A Parallel Corpus of Chinese Legal Texts

此语料库也隶属于 Singapore Corpus of Research in Education 项目，它允许显示方式为检索项关键词或全语境显示。如果译员第一次接触到“故意杀人罪”而不知如何给出权威译文，可以检索 homicide 或输入“杀”等模糊查询即可得到想要的结果。需要指出的是，当前的检索设定还不完善，如输入 kill，可能的检索结果包括含有 kill 字段的任何英文单词，如 skills，skilled 等。

6. English Chinese Parallel Concordancer

此语料库由香港教育学院建立，提供双语平行检索和多语检索，是一个典型的单向对应语料库。该语料库可按照英汉简体和汉英简体分开进行检索，英汉对应收录的文章要比汉英对应的多。

（二）平行语料库与翻译教学：语境关键词检索

显而易见，人们在翻译时不会脱离语境来逐字翻译，而是将词置于足够大以至于没有歧义的意义单位（Unit of Meaning）中来考虑译文，即将几个词的组合作为一个翻译单位来翻译。双语语料库指导翻译实践体现在两方面，其一就是在译员培训或翻译实践中，让译员查找语境关键词。对于翻译单位来说，大部分都是由意义模棱两可的单词及其语境所构成，而有歧义的单词可以借助所在的语境而使意义变得清晰。所以，在翻译实践和译员培训中，译员经常需要检索某个词在语境中的具体用法，以此来确定自己的译文是否地道合法，在专业领域如法律、技术、医学等更是如此。而基于双语语料库的翻译对等研究，正好为译员提供了相应的培训材料。

在翻译教学方面，双语语料库的作用主要有四个方面：为某一检索词或短语提供丰富多彩的双语对译样本；为常用结构提供多种双语的对译样例，便于讲授者讲解及学习者模仿；提供丰富的可随机提取的一部分多译资料作为对照参考。另外，针对某一内容、某些专题和特定领域，还可以对译员进行翻译策略的培养。当然，在这些特殊领域中，搜集资料和编辑术语表时，双语语料库十分便捷有效。

此外，除了在译文语料库中考察某一单词的用法外，双语语料库下的语境关键词检索更能为译员提供第一手材料。例如，将 2007 中国银行双语年报中的目录进行对齐。为了方便操作，可在导入语料之前对语料进行预处理。另外，中文需要进行分词处理才可以检索成功。例如，译员可能不熟悉“报表”在银行的年报中该如何翻译，是 Report 还是 Chart？首先，选择搜索语言为中文，输入检索项“报表”之后即可出现双语对应的环境。经过检索发现，财务报表所用的专业词汇是 Financial Statements，而非预期的 Report 或 Chart。从某种角度来说，双语对应检索的工作机制类似自建的双语词典，在实践中更能满足特定领域的个性化语境检索要求。

另外，双语对应检索还可以帮助考察原文的特定句式（如英语中的 so...

that 或汉语中的"一……就……"）在目的语中的表达方式，这既可以作为译员培训的材料，也可以进一步进行翻译研究。王立非就运用 ParaConc 进行分析，发现英语指示代词 that 在很多情况下不是被翻译为"那"，而是被翻译为"这"。

三、双语语料库与计算机辅助翻译

除了检索并考察语境关键词（Key Word in Context，KWIC）之外，双语库同计算机辅助翻译软件结合起来，就可以形成翻译记忆，协助完成翻译任务。鲍克[1]曾简单明了地将翻译机器解释为"一组语言文本的句子与其在目标语中相对应的句子"。翻译记忆的作用原理是用已有译文建立双语语料库作为记忆库，通过浏览已经翻译好的文本，在进行同原文相近的新任务时，提取翻译记忆进行提示和替换，通过寻找形式上的相似性协助完成翻译任务。

翻译记忆是针对句子或篇章层面的对等，而由专业术语形成的双语术语库则保证了翻译任务的术语统一。主流的计算机辅助翻译软件都配有团队工作工具，允许不同的译员共同合作完成一个翻译项目。如果没有双语术语库为翻译记忆系统统一术语，那么译员合作的结果就不能保证高度精准的术语统一。除了术语统一，还要实现精确的语言转换。双语语料库形成的翻译记忆有助于保证译文与历史译文资料统一、与指定文献统一等。在翻译项目进行的过程中，译员形成的新语料又在不断地纳入语料库中，团队内的其他人就可以通过更新语料库来使用同样的句式和表达，而不用再重复翻译。

利用双语语料库，在翻译项目中能同步提取文章中出现的术语，经专家质量检验后，按照不同领域进行区分，更新为新的双语术语库，转换为翻译记忆之后，就能在以后的翻译项目进行时再利用。相对于此，传统意义上人工积攒的术语库，不易分类查找，不能及时更新，且数量有限，已经不能满足高效率翻译实践的需求。

柯飞[2]曾将自动翻译过程简要地总结为四步：第一步，将双语语料平行对齐；第二步，对语料给予相关联的标注（Tagging）；第三步，将汉语作分词处理，并根据词频计算权重；第四步，通过权值和字串对比，计算和检索跟使用者输入的文字相对应的句子并显示出来。

---

[1] Bowker, L. *Computer-aided Translation Technology: A Practical Introduction* [M]. Ottawa: University of Ottawa Press, 2002.

[2] 柯飞. 双语库：翻译研究新途径 [J]. 外语与外语教学，2004（2）：35-39.

霍斯顿（Hunston）[1] 指出，基于平行语料库的机器翻译系统通过对短语而不是对词的识别可以使机器翻译更加准确，包含不同语言的平行语料库对于翻译员来说用处更大。因此，对那些翻译活动占据重要地位的组织和机构来说，进行平行语料库同机器翻译结合的研究就十分重要。欧盟就在不断改进自动翻译过程。1977 年，加拿大蒙特利尔大学研发的自动翻译系统 TAUM－METEO 能在一天内把加拿大各地区的气象预报从英语翻译成法语，这标志着第一代机器翻译系统的诞生。在中国，研究自动翻译的机构和项目也有很多，如北京大学计算语言学研究所、清华大学智能技术国家重点实验室和中科院计算所联合承担了国家 973 课题“面向新闻系统的汉英机器翻译系统”，以及中科院自动化研究所模式识别国家重点实验室正在研制的口语自动翻译系统等。

除了使用对齐的双语语料库改进机器自动翻译的质量，黄俊红[2]认为，双语语料库还可以加强机器辅助翻译中的人机交互，通过统计模型从双语语料库中获取翻译模型，从而改进费时、易出错的传统机器翻译模型。也有学者预言，基于语料库的机器翻译系统能够大大超过第三代机器翻译系统的性能，很可能成为第四代机器翻译系统的雏形。

第三节　术语、术语库、对齐与翻译记忆

通常意义上的翻译技术所实现的，无外乎就是利用双语语料库等电子资源和其他非电子类资源，从中提取术语并建立双语对应的术语及术语库，以及建立源语与目的语一一对应的翻译记忆库（一般以句子为单位）。在翻译过程中，双语术语库和翻译记忆向译者提供动态的术语支持和已有的译文匹配结果提示，使译文的产出更加快捷、准确、一致。基于此，本节主要介绍与计算机辅助翻译密切相关的几个核心概念，即术语、术语库、对齐与翻译记忆等基础概念。

一、术语

术语是在特定学科领域用来表示概念称谓的集合。术语可以是词，也可以

---

[1] Hunston, S. *Corpora in Applied Linguistics* ［M］. Cambridge: Cambridge University Press, 2002.

[2] 黄俊红，等．专门用途语类翻译平行语料库研究述评［J］．重庆大学学报，2004（6）：91－95.

是词组，用来正确标记生产技术、科学、艺术、社会生活等各个专门领域中的事物、现象、特性、关系和过程。其基本特征包括：专业性，即术语表达的是各个专业的特殊概念，通行范围有限，使用的人较少；科学性，即术语的语义范围准确，与相似的概念相区别；单义性，指术语在某一特定专业范围内是单义的，仅少数术语属于两个或更多专业；系统性，即在一门科学或技术中，每个术语的地位只有在这一专业的整个概念系统中才能加以规定。

随着不同文化之间的交往，术语还常从外来语中吸收新的词汇。可以说，术语是传播知识、技能，进行社会文化、经济交流等不可缺少的重要工具。术语工作的进展和水平，在某种程度上直接反映了全社会知识积累和科学进步的程度。术语和文化如影随形，须臾不离，而不同的文化要用不同的术语来说明，吸收外来文化的同时，必须吸收外来术语。随着社会的进步和发展，新概念大量涌现，必须用科学的方法来定义、指称这些概念。

二、主流术语库软件

在现代计算机技术的支持下，术语的积累不再只是通过手工的方式进行，更多的是利用计算机技术和信息技术来进行，规模可以无限扩大。术语库软件就是为翻译过程提供系统化术语支持的软件，它可以生成、搜索、维护并管理术语，在译员翻译的过程中自动识别和搜索术语库中存储的、在当前语段中出现的术语，并给出翻译提示。以下是几种术语工具的简单介绍。

（一）Lexikon 术语库工具

由美国 ENLASO 公司发布，可为企业定制词汇管理工具，帮助企业有效管理术语，自动化企业内部的词汇管理过程。该软件是数据库驱动的网络应用工具，允许各种程度的用户创建、管理和发布多语词汇库。软件有内置的自动化翻译流程，采用符合 Unicode 编码的语言技术，动态支持各种语言组合，包括双向和双字节编码文字。

（二）T-Manager 术语库工具

由爱尔兰人拉法尔曼（Rafael Guzmán）响应本地化的需要而研发，可以在 MS Excel 表格中自动分析术语。该软件根据用户需求在运行中管理术语库，也可以从外部工具中导入术语，如 WorldServer GMS 和 SYSTRAN 机器翻译词典和其他术语工具。其主要功能包括：帮助词库的统一化，确保不同术语库或机器翻译词典之间的一致性；分析具体词汇表或机器翻译词典，根据用户需要，将某一术语库修订或将旧词汇表转化为 SYSTRAN 机器翻译词典等。其目标用户为术语专业人员，译员和语言修订者，也可供大学教师、研究者、学生等任何与翻译有关的人员使用。对那些为了机器翻译研发而关注受控术语的用户非常有帮助。

（三）Sun Gloss 术语库工具

由美国SUN公司发布，是该公司使用的词汇管理工具，可以直接查询英文术语及其各种译文，也可为用户定制和导出术语库，供离线使用。该术语库是开放的，外界用户可以使用。

（四）AnyLexic 术语库工具

由乌克兰 Advanced International Translations 公司发布，为多语词典或词汇表而设计。除了能可靠便捷地创建、编辑并与外界交换词典的功能外，其主要特点是将所有的术语都储存在一个数据库里，对翻译公司和自由职业者非常有用。此工具导入导出的词典格式包括 TXT、CSV、XLS 等，完全支持 Unicode 编码。

三、对齐与翻译记忆

对齐（alignment）与下文提及的翻译记忆密切相关，是对原文和译文以语句为单位作对应匹配，比较直观以及方便地考查原文的内容是不是被完整无误地传达到译文中去了。对齐结果可导入到翻译记忆库，协助扩大翻译记忆，供译员使用。

翻译记忆是计算机辅助翻译的核心技术之一，是译员工作台（translator´s workstation）的重要组成部分。鲍克[1]将翻译记忆定义为一种用于储存原文本及其译文的语言数据库。

根据哈钦斯（Hutchins）等[2]人的观点，翻译记忆的思想最早可以追溯到1971年。“语言数据库”（linguistic data bank）的设想被提出，其子库之一即为“翻译档案”（translation archive）。20世纪70年代后期到80年代初，又有学者分别研究和完善了翻译记忆的理论，将其视为当时仍处于理论构想的译员工作台中的重要组件。20世纪80年代后期，个人计算机技术的发展与普及为

---

[1] Bowker, L. *Computer-aided Translation Technology: A Practical Introduction* [M]. Ottawa: University of Ottawa Press, 2002.

[2] Hutchins, J. &Somers, H. *An Introduction to Machine Translation* [M]. London/San Diego: Academic Press, 1992.

翻译记忆和译员工作台的实现提供了可能。第一个具备翻译记忆功能的译员工作台 ALPS（Automated Language Processing Systems）在此期间问世。到了 20 世纪 90 年代，翻译记忆随着译员工作台系统的市场化为业界所接受，出现了包括 Trados、IBM TM/2 以及 Transit 在内的多种翻译记忆系统，应用于文本重复性强且对术语一致性和翻译效率要求较高的领域，如欧盟文件翻译和软件本地化行业等。1990 年，本地化行业标准组织（Localization Industry Standards Association，LISA）成立，并于 1998 年基于可扩展标记语言（eXtensible Markup Language，XML）制定了中立、公开的翻译记忆交换标准 TMX（Translation Memory eXchange），统一了翻译记忆的存储格式。在几次小幅度修订后，LISA 于 2007 年 3 月公布了 TMX 2.0 草案，并接受业界的评议。如今，翻译记忆技术对翻译的帮助已经得到公认，翻译记忆系统的使用也不再局限于专门的语言机构和语言服务商，许多翻译公司要求译员用特定的翻译记忆系统进行翻译。

（一）翻译记忆与翻译记忆库

使用翻译记忆辅助译员进行翻译的系统，目前常被笼统地称为计算机辅助翻译系统。这种认识似乎以偏概全。广义的计算机辅助翻译工具还包括电子词典、对齐工具、术语管理系统、平行语料库等，有时还将机器翻译包括在内。因此，将主要使用翻译记忆技术的计算机辅助翻译系统命名为翻译记忆系统更为合理。

翻译记忆库多见于电脑辅助翻译工具、文字编辑程序、专用术语管理系统（Terminology Management Systems，TMS）、多语辞典、甚至是全自动机器翻译系统中。

一个翻译记忆单元包含了原语的文字切分段及其翻译。这些切分段可以是单词、短语、章节、一句或是数句。个别的字词被当作专用术语来处理，一般而言不在翻译记忆的领域之中（即使翻译记忆库依旧可以包含单一字词为其翻译记忆单元）。研究显示，市场上很多公司所建立的多语言文件均使用了翻译记忆库的技术。

（二）翻译记忆库的主要功能

一个设计优秀的翻译记忆库的主要功能应包括以下几个方面。

1. 导入（Import）

这项功能是用来将外部的文字与翻译传输到翻译记忆库里。导入的文件可以是原生文件，也可以是业界认可的其他标准翻译记忆文件。对于以其他形式储存的翻译记忆，则必须经过格式转换后才能进行导入。

2. 分析（Parsing）

在翻译记忆库中，分析可以再细分为文本分析（textual parsing）和语言分析（linguistic parsing）两个方面。在文本分析中，辨识文本的标点符号相当重要，要能正确地辨认文本结尾的句点与缩写的句点，正确地判定文本结尾的位置。其他应视为文本段落的标点符号或标记也必须尽量被辨识出来。在多数状况下，问号、惊叹号等也是文本结尾的判定之一，冒号、换行符号等也常被作为文本段落的辨识标记。在译员正式开始翻译之前，通常都要先对文本进行标记，将不需被翻译的符号或是段落给予特定标记，将必须被翻译的文本给予另一种标记。语言分析旨在减少文本中基本形态字词的数量，一般是从文章中提取出专用术语、词组等。

3. 切分（Segmentation）

切分的目的是找出最有用的翻译单元（Translation Unit），这有点类似文本分析，在单一语言下进行，并使用可定义的规则对文本进行表层的分析。例如，可定义哪些特定类型的符号或标记应被纳入翻译单元，哪些符号应被视为一个翻译单元的结束点。举例来说，一个冒号的前后文可以视为一个完整的段落（翻译单元），但在一些状况下冒号前后也会被拆解为两个翻译单元。假设译员手动改变了翻译单元，如将两个翻译单元合并为一个或是将一个翻译单元拆解为两个或多个，则下一次的文件版本更新将会丧失这个翻译单元的相符性，因为下一版本仍旧会以既定的规则来对文件进行切分。

4. 对齐（Alignment）

这是将源语语言与目标语言的相应文字平行对应对齐的工作。切分的标准将会影响平行对齐的效果，因而需要依赖好的平行对齐算法来校正切分错误。

5. 专用术语提取（Term extraction）

这指的是针对既有的文件进行分析，并从中抽取未知的术语。从文本中提取术语，通常可以利用文本统计分析的工具来进行，根据统计结果，由术语出现的频率及重复性来决定。

6. 更新（Updating）

这是指在翻译工作完成后，将对齐后的文本导入已有的翻译记忆库，输入新的一一对应的翻译单位，并对记忆库进行更新，使翻译记忆库持续扩大。

7. 自动翻译（Automatic translation）

这是利用现有的翻译记忆库，对待翻译文本进行自动处理。如果翻译记忆库中存在与待译文本中比较相似的部分，记忆库就会对待译文本进行自动翻译处理。相似率可以由人工设定。

8. 团队作业（Team work）

翻译记忆库可以是个人独有的，也可以是团队共享的。如果是后者，则翻译团队的成员都可以连接到共享的翻译记忆库，从而互相协助，完成团队作业。

第四节　迈向全球化的翻译——翻译本地化

本地化与全球化密不可分，已经成为当今社会的新兴行业，而翻译则是这个进程中不可或缺的组成部分。本节主要讲述本地化的基本情况以及本地化与翻译之间的关系。

一、本地化

本地化大多与软件有关。从20世纪中期开始，计算机技术在诸多行业中的应用日渐普及。而很多大型软件都是用英语开发的，在很长一段时间里，大约80%的软件产品是在美国开发的英文产品。当这些英语软件在世界范围内销售推广时，经常遭遇“水土不服”的情况，其普及受到制约，原因之一就是非英语国家用户在软件语言方面的障碍。毕竟，世界上能熟练使用英语的人，只占世界总人口的四分之一。

为了使这些非英语国家的软件用户能够熟练使用软件，就必须对用英语开发编写的软件进行再次加工处理，转换成用户所在国的语言。这样用户在使用软件时，就没有了语言障碍。这种对软件进行处理和加工的过程，被称为软件的本地化，也有人将其称作软件的本土化。

当今软件市场竞争十分激烈，经济全球化促使大型软件企业进行全球化战略发展。大型跨国软件公司的产品，要达到在世界范围内的市场占有量，首先要解决本地化问题，也就是将软件编译成各种目标语言的版本。

进入21世纪以来，全球化进程加速，大型跨国公司不仅要在世界各地组建分公司，而且还要对产品和服务进行本地化运作。本地化产业不仅仅局限于软件行业，更延伸为将一个产品按特定国家、地区或语言市场的需要进行加工，使之满足特定市场上的用户对语言和文化的特殊要求。这样，本地化就成了一个系统工程，包括本地化项目管理、软件界面和文件翻译、手册的桌面印刷排版、本地化软件编译、测试和质量保证等方面。

在本地化的实现过程中，除了技术方面的考虑，还要考虑目标语言市场的文化传统和政治因素。但作为实现全球化的重要内容，本地化行业在世界范围内的认知程度依然很低，尚未形成完整的产业。除了爱尔兰依靠本地化成为发展软件产业的成功典范外，目前本地化仍然主要是在大型软件开发企业和提供软件本地化服务的企业之间直接进行的活动。

近年来，提供综合服务的大型国际本地化企业陆续涌现。它们通过合并或重组，扩大企业规模，扩展服务领域，提供全球化战略咨询，提供国际化产品和内容的实现技术，提供多语言本地化全系列解决方案和技术服务，已经成为国际化和本地化行业的领导者。

现在，为了达到多种语言版本和源语言版本同时发布的目的，软件翻译过程经常与源语言版本的开发同步进行，以适应激烈竞争的软件市场和不断提高的软件质量要求。

二、本地化与翻译

本地化行业的兴起催生了翻译市场的繁荣，使翻译成为服务范围更加广泛的行业。与本地化有关的翻译，指的是将用户界面、帮助文件和使用手册等从一种语言转换为另一种语言的过程，其中不仅包括简单的内容翻译，还经常需要转换文件格式类型。因此，为了准确翻译，译员还需要具备 IT 背景知识并能理解产品的使用功能。为了提高翻译的效率和质量，软件翻译经常采用翻译记忆工具，另外还要遵照统一的术语表以翻译软件专用术语。

具体而言，软件本地化包含文字翻译、软件编译、软件测试和桌面排版等多项工作，需要多种软件配合才能完成。这些软件主要包含操作系统软件、通用软件和专用软件。在这个过程中，选择合适的软件，可以提高工作效率，创建符合行业格式的文件。

三、主流的本地化工具

（一）SDL Passolo

SDL Passolo 是一款功能强大的软件本地化工具，它支持以 Visual C++、Borland C++及 Delphi 语言等编写的软件的本地化，对常见的 EXE（＊. exe）、DLL（＊. dH）、OCX（＊. ocx）等文件格式都能提供很好的支持。例如，以往针对这两种不同语言编写的软件，大多需要分别使用 Visual Localize 和 Language Localizator 来进行软件的中文化。而现在，SDL Passolo 把二者的功能结合在了一起，并且性能稳定，易于使用，用户既不需要进行专门的训练，也不需要丰富的编程经验，在本地化的过程中可能发生的许多错误也都能由 SDL Passolo 识别或自动纠正。作为专业性的本地化工具，SDL Passolo 还自带了 XML、. NET、VB 和 Java 等数种插件，专业的编程人员可以借用它们对应的资源文件进行本地化编辑。

SDL Passolo 的功能主要包括：支持目前市面流行的几乎所有编程语言编译的二进制文件本地化；集成功能强大的正则表达式，可以处理各种各样的文本文件；支持 SDL Trados 等翻译软件的术语库和多种格式字典的直接引用、导入和导出；支持字串的自动翻译和对话框的自动布局，翻译的检查和验证；软件菜单、对话框以及 HTML 文件的可视化编辑；内置图像编辑器，可以直接对图标、位图等图片资源进行修改；支持在 Passolo 内直接调用外部程序，处理非标准的二进制资源；支持本地化的团队协作，本地化方案的导入、导出和审核；可以有选择性地从现有的已本地化文件中导入翻译和控件布局；集成了 Basic 宏脚本处理，支持本地化操作的自动化。

（二） Alchemy Catalyst

Alchemy Catalyst 是专业的软件本地化工具，目前最高版本是 8.0，根据用户的不同分为以下版本：Translator Edition、Localizer Edition、Developer/Pro Edition、Translator/Lite Edition。

1. Alchemy CATALYST 5.0：Translator Edition

这是满足用户软件本地化需求的一整套解决方案。它支持所有的 Windows 程序和所有的帮助文件格式，还支持基于 XML/XHTML 的文件。这些都可以在一个叫作 TTK（翻译工具包）的翻译数据库中存储和翻译。它还带有 Alchemy Validate Expert，可以确保翻译的正确性和精确性。

2. Alchemy CATALYST 5.0：Localizer Edition

这款工具不仅具有 Translator Edition 强大的功能和灵活性，而且还有另外五个 Expert 功能，旨在确保工程和测试工作的高效。

Leverage Expert：这个功能会自动把旧版本中的译文升级到新版本中，让用户在本地化的过程中的花费物有所值，并且减少产品升级或者产品修订对工程和测试带来的影响。其中，Project Manager 的自动生成统计报告的功能可以记录所有新版本相对旧版本所作的改变。

Pseudo Expert：可以帮助本地应用程序模仿将应用程序或者网络文件翻译后的影响。

Validate Expert：新工具 Runtime Validation 的加入加强了 Validate Expert 的功能，用户甚至可以在应用程序运行的同时检测本地化过程中的缺陷。

Visual Comparison Expert：可以在几秒之内迅速而准确地定位软件修订中的改变。

有了这些 Alchemy Expert 技术，Alchemy CATALYST 5.0：Localizer Edition 可以自动给产品升级，缩短了工程和测试的时间周期，加快了翻译产品上市的时间。

3. Alchemy CATALYST 5.0 Developer/Pro Edition

在 Alchemy CATALYST 5.0 Localizer Edition 所有的功能和上述 5 个 Experts 之外，Developer/Pro Edition 还包括 QuickShip Expert。这个革命性的功能允许用户将所有需要的 TTK、术语文件和用户指南压缩到一个自解压的可执行文件中，然后再把这个文件传送给翻译模块。QuickShip Expert 结合这个文件使用可以巧妙地简化本地化过程。首先它把所有的文件释放出来，显示附录中的指令，然后将术语文件对应最后启动用户系统上的 CATALYST Translator/Lite，如果没有，那就打开一个浏览器指向 Alchemy Web 站点，可以从那里下载。

4. Alchemy CATALYST Translator/Lite Edition

这是一款随 Alchemy CATALYST 5.0 Developer/Pro Edition 免费赠送的版本，可以使翻译进程更快速、更通畅、错误更少。

第七章　英语翻译实践——翻译辩误

第一节　判断翻译正误的方法

翻译批评在中国目前的翻译理论与实践中没有发挥应有的作用。本节为翻译批评提供一种新的手段——脱离原文就可以判断译文正确与错误的方法。本节首先论述逻辑推理在翻译理解过程中的作用，然后举例论述判断译文是否符合逻辑，仅凭借译文就可以判断翻译好坏的方法。

一、翻译辨误概述

翻译具有繁荣世界文化的重要性，而翻译批评对于提高翻译的质量具有重要作用。近年来，我国的翻译事业随着蓬勃发展的物质文明建设和精神文明建设的新局面而蓬勃发展。可是，翻译却存在着滥译等诸多不良现象。因此，加强翻译批评对提高我国翻译事业的质量和翻译事业的发展具有重要意义。

逻辑推理是翻译批评的重要手段。翻译是再创造，创造要有创造性思维。匈牙利一位译论家说："翻译是逻辑活动，翻译作品是逻辑活动的产物。"

什么是逻辑？

《朗文当代高级英语词典》（*Longman Dictionary of Contemporary English*）对"逻辑"（Logic）的定义是："Logic；a way of reasoning.（一种推理方式）"。

《现代汉语词典》在给"论理"下定义时说："论理：逻辑。"

《汉英词典》对"论理"的英文翻译和解释是："论理：Logic。合乎逻辑：be logical；stand to reason。"

根据以上三部词典对Logic（逻辑）和论理的定义和解释，我们可以得出结论：逻辑即推理或论理。

翻译是将一种语言说的或写的内容用另一种语言表达出来（Translation is giving the meaning of（sth said or written in one language）in another language）（*Oxford Advance Learner's Dictionary*《牛津现代高级词典》）。为什么翻译能进行？为什么一种民族语言所表达的内容能用另一种民族语言表达出来？答案很简单：普天之下道理相通。否则，如果理不同，翻译则无法进行，翻译的目的也无法达到。

透彻理解原文，是准确翻译的基础和关键。而理解的过程，从某种意义上讲，则是一种再创造，因为理解的过程不仅是一种逻辑思维过程，同样也是一种形象思维过程，即两者统一过程。然而不无遗憾的是，在两种语言互译时，误译的情况时有发生。究其原因，很多情况与译者在翻译理解的过程中违反逻辑思维有直接关系。因此，研究翻译与逻辑的关系是不无意义的。一词一句的意义有时不是从其本身很难看得清楚。因此，绝不能拘泥于词典，而是应通过直接的、间接的、显现的或潜在的逻辑关系，甚至要通过整段整篇来分析其来龙去脉，根据实际情况，从多种语义来判定、选择一字一词的准确含义。这种逻辑关系往往能解决单靠语法分析所不能解决的问题。

本书探究了翻译与逻辑的关系，指出原文符合逻辑，译文脱离原文，仅从逻辑推理就可以判断译文的正确与否，对照原文与译文进一步发现错在何处和为什么出错。

二、在语境中通过逻辑推理判断译文的正确与错误

逻辑推理活动在语境中进行。逻辑推理活动——推理依赖于语境。脱离语境，不存在逻辑推理。

语境包括两种因素：语言因素和非语言因素。语言因素是语言系统内的各单位，如词、句和段落等。非语言因素是语言系统外的因素，如作者的背景和文章的背景。

例 1：Translating is far more than a science. It is also a skill, and in the ultimate analysis fully satisfactory translations always an art.

原译文：翻译远远不止是科学。它还是技巧，而且归根结底，完美翻译始终是艺术。

这个译文可以说是错的，也可以说是正确的。如果按照中国“科学”的含义，译文是正确的；如果按照英语“科学”（science）的含义，译文是错误的。

汉语“科学”是广义，包括自然科学和社会科学，翻译科学属于社会科学，换言之，翻译科学是科学。因此，“翻译远远不止是科学。它还是技巧，

而且归根结底，完美翻译始终是艺术。”这个句子按照汉语“科学”的定义，没有逻辑问题。

可是，英语 science 没有广义，只有狭义，当作“科学”意义的 science 仅仅指的是自然科学，科学即自然科学。翻译不是自然科学，因此翻译不是科学。翻译远远不止是科学。它还是技巧，而且归根结底，完美翻译始终是艺术。这个句子没有问题，是错误翻译。

这个句子是世界著名翻译理论家奈达论翻译的一句话。奈达是美国人，使用的语言是英语。在奈达心目中，翻译不是科学。翻译是翻译意义，奈达原句子的意义不是科学，翻译成汉语应该忠实原文意义，因此，这个句子的正确译文是：“翻译远远不止是一门学问。它还是技巧，而且归根结底，完美翻译始终是艺术。”

第二节 英语翻译辨误的应用

一、翻译错误的界定

无论是原作者、译者还是读者，都不希望译文出错。然而翻译中的错误却是十分常见的。初学翻译的人，限于认识和语言水平，一般倾向于逐字逐句地翻译，采取词对词、句对句的“对等”方法。他们误以为，这样的翻译才算“忠实”。殊不知，英语和汉语不可能完全对等，且不说两者在句子结构上存在诸多差异，就连真正意义上的对等词（equivalent）也少而又少。这样的译法看似轻巧，然而译出来的文字不是佶屈聱牙，就是文理不通。这种“硬译”“死译”既达不到表意功能，更谈不上忠实于原文。与此相反，翻译中还存在着另外一种错误倾向，那就是乱译或胡译。有的人在翻译时随心所欲，任意发挥，在没有真正理解原文的情况下，往往望文生义、自以为是，信笔所至，误译、漏译、添枝加叶的文字随处可见。这种不负责任的态度违背了翻译的基本准则，同样是不可取的。

撇开那些机械对应、胡猜乱译的做法不论，主观愿望良好的译者也难以避免错解误译、处置不当的情况。正如医生研究病因有助于找到防病治病的措施一样，译者研究翻译错误（包括自己的和别人的错误）的原因，也会得到有益的启示，进而减少犯错误的可能性。引发错误的原因错综复杂，但究其大概，可从理解不当和表达不畅两方面进行分析。为将翻译错误问题的探讨引向深入，还可以从以下四个方面对翻译错误进行界定和分析：

（1）语言翻译错误（linguistic translation errors）。由于译者的源语/译语语言能力欠佳，对语言结构处理不当。

（2）文化翻译错误（cultural translation errors）。指译者未能较好地传达或调整某种文化中特有的规范。

（3）语用翻译错误（pragmatic translation errors）。由于译者解决具体的翻译问题时，使用的策略不好所致。

（4）语篇类型翻译错误（text-specific translation errors）。指对与具体的语篇类型有关的问题解决不当。

本书中所谓的“翻译错误”，是从广义角度而言的。翻译中凡是在思想意义上背离原文、在表达上背离译语行文规范、妨碍有效交际的现象，均被认定为“翻译错误”。有些问题颇具隐蔽性，译笔虽无明显不当之处，细究之下却不够完美。仍有一定的提升空间，此类译文，虽然在某种程度上不乏可接受性，同样应视为不合格译文或问题译文。

二、错误的类型

（一）理解不当导致翻译错误

翻译，无论是英译汉还是汉译英，其过程主要包括理解（原文）、（用译语）表达和校核（译文）三个阶段。其中，理解是表达的前提或基础，表达是理解的结果，两者相辅相成，缺一不可。两者只有达到有机的统一，才可使译文达到忠实准确、通顺流畅、风格得体的标准。至于译文的校核，我们认为，实际上就是对原文的再理解和对译文的再表达。

所谓理解，指的是弄懂原文的种种含义，是译者认识事物之间联系的本质与规律的一种思维活动。翻译过程中的理解，与一般的阅读理解是有区别的。首先，翻译中的理解以忠实准确地表达为首要目的，因此它要求对原作的理解尽可能全面、细致、深入，阅读理解中常见的“不求甚解”的情况在翻译理解中是绝对不允许的。第二，在翻译理解过程中，思维是双语（既要用原文语言又要用译文语言进行思维）和双向（在理解的同时要考虑如何表达）交替进行的，其复杂程度和所耗费的精力远远超出一般的阅读甚至创作本身。在理解阶段，译者的劳动是繁重冗杂的：既要读懂、读透原文，又要开始剖解、消化信息，因为信息的接收与感受掺合在一起，这一阶段同时还涉及酝酿与提炼的过程，为语符形式的终极转换作好前期的准备。从本质上讲，理解的过程是一个希求主客观一致的过程，即译者主观认定的原作观点事实与语体风貌，与原作中客观存在的观点事实与语体风貌要尽一切可能的对等。

理解是整个翻译活动的开始，也是最关键的一步，没有正确的理解就不可能有忠实的译文，当然也谈不上语义的准确真实与语貌的切近对应，有时甚至会使译文与原文大相径庭。译者要从各方面做好对原文的分析工作，包括分析原文的语言形式，分析原文的深层含义以及分析原文的总体风格等。有些人认为理解原文不是难事，大概看懂就匆匆下笔，最终导致译文质量低劣。从下面的具体例子可看出理解过程中容易出现的一些问题。

例5：Tom can be relied on. He eats no fish and plays game.

[原译] 汤姆靠得住，他不吃鱼而且玩游戏。

[改译] 汤姆为人可靠，他既忠诚又正直。

[解析] 译者应了解 to eat no fish 出自一个典故。英国女王伊丽莎白一世统治期间，规定了英国国教的教义与仪式。对此，一部分教徒表示支持，另一部分则坚决反对。那些支持政府决定的教徒为了表示对英国政府的忠诚，不再遵守罗马天主教教徒每星期五都要吃鱼的规定。这些“不吃鱼”的教徒便被认为是“好人”，而 eat no fish 一语便被用来喻指“忠于政府的人”或“诚实的人”。to play the game 则指在体育比赛中 to play fair，意为“公平比赛”或“为人正直”。

例6：牛奶已经变酸。

[原译] The milk has gone acrid.

[改译] The milk has gone sour.

[解析] 此句的“酸”更多的是指牛奶由于时间太长变质，发酵发馊的那种变味的酸（sour），而不是食物本身所具有的那种刺鼻味（acrid）。

（二）表达不畅导致翻译错误

翻译的最终目的，是为了让读者了解原作的意思。表达得好坏，直接影响到译文的质量。表达是译者把自己所理解的内容正确、充分而又自然地传达给译入语接受者的过程。在理解过程中，译者注意力的焦点是原作者，他力图弄懂原作者说了些什么，是用什么方式说的。在表达过程中，译者注意力的焦点则是译语读者，他必须在理解原文的基础上，着重考虑如何按照译语的语法规则和行文习惯组织译文，将原作的思想内容忠实、准确地传达给译语读者。

如果说理解阶段是“钻进去”把原文吃透，那么表达阶段就是“跳出来”用自然的译语如实转述。对原文透彻的理解是翻译工作的基础和关键，理解有误，表达必定不准确，但理解正确并不意味着表达必然无可挑剔。译者表达得如何，不仅取决于他对原文的理解程度，而且取决于他的译语素养和对翻译技巧的掌握程度。此外，译者是否善于总结前人和自己的翻译经验，是否具有严谨、细致、求实的工作作风，同样会影响到最终的翻译质量。

例 7：Recently, I was explaining to a mathematician friend how I had screened the scores of nonfiction books that were candidates for the short list of a national literary prize I participate in judging.

[原译] 最近我向一个数学家朋友解释我是如何在我参与评奖的一个非文学类作品的国家级文学奖中打分的。

[改译] 我曾参与评选一个非文学类作品的国家级文学奖，最近我向一个数学家朋友解释我是如何评分的。

[解析] 原译企图复制原文的叙事方式，虽然道出了基本内容，但读来冗长拖沓，简直让人上气不接下气。如果从容地按照事情发生的逻辑顺序，先发生的先说，后发生的后说，那译文就舒缓有致、文从字顺了。

例 8：A telling sign of misplaced priorities is the concentration on health not environmental issues.

[原译] 将优先权置于关注健康而不是环境问题是个明显的错误的迹象。

[改译] 把重点放在关注健康而不是环境问题上，明显是本末倒置。

[解析] 原译将英文逐字译出，重重叠叠，拖泥带水，在汉语语境中缺乏可读性，严重破坏译文的交际效果。

三、减少翻译错误的途径

翻译是把一种语言文字的意义用另一种语言文字表达出来的一种创造性的语言活动，翻译能力的提高是一个长期实践和不断积累的过程。译可译，非常译。要想提高翻译能力，减少翻译错误，学习者应该在基本素养、实践能力、译文校核等方面多下功夫。

(一) 加强基本素养

所谓基本素养，是指翻译者必须具备的基本条件，亦即对翻译者的基本要求。除了应该具有高尚的译德译风和严肃认真、一丝不苟的科学态度之外，译者必须具备三方面的素养，即一定的英语水平、较高的汉语修养和丰富的学科专业知识。大量的翻译实践表明，这三方面的素养越高，越能顺利地完成翻译工作。

关于英语水平，应注意打牢基础，扩大词汇量，广泛阅读，最好能听、说、读、写、译五方面训练同时并透，较之单攻翻译能更快提高英语水平。在汉语修养方面，应加强语法、逻辑、修辞等方面知识的研修，多阅读、多写作、多练习修改文章。在学科专业知识方面，要努力精通本职业务，多了解相关专业知识。翻译是一门“杂学”，译者必须具备丰富的百科知识，对相关领域内的常识了然于心。

（二）在实践中锤炼

翻译是一项创造性的语言活动，具有很强的实践性。不通过大量的实践而要提高翻译能力，无异于想学游泳却又不下水一样。当然，实践也要讲究科学性。初学者若无行家里手的指点，最好是先找一些难度切合自己水平且有参考译文的材料进行翻译练习。自己的译文写成后同人家的译文相对照，先看看自己在理解方面是否准确，其次看看自己的表达是否符合译入语的语言习惯，从中找到不足。还可根据译文类杂志上提供的某篇译文的原文出处去查找到相应的原文，继而进行对照阅读。通过对比分析，可以找出自己的差距，学习和吸收他人在理解原文精神和翻译表达等方面的长处，促进翻译能力的提高。如果是自己选材进行翻译，当遇到问题难以解决时，要虚心向他人求教。与此同时，还要有敢于创新的精神。在翻译过程中，既不能拘泥于别人提供的译文，也不能受囿于以往形成的条条框框。随着翻译能力的不断提高，可以根据翻译标准的要求去创造新的表现手法，进一步完善翻译工作。在时间允许的情况下，最好能坚持每天都多少搞点翻译，随着时间的推移，一定会大有长进。

在翻译实践过程中，要注意处理好原则性与灵活性的关系。所谓原则性，就是译文必须忠实地表达出原文的精神实质和文体风貌；所谓灵活性，就是在不违背原文的思想、风格的前提下，采取灵活的表达方法，以求更好地体现原文的精神风貌。原则性与灵活性的目标是一致的，它们相辅相成，互为补充，相得益彰。一般说来，原则性是主要的，灵活性是次要的，是从属于并服务于原则性的。但两者之间的主次关系并非一成不变，当不改变表达方式就无法产生出生动流畅而且符合原意的译文时，灵活性便成了矛盾的主要方面，成为使译文传神达意、入微见妙的关键所在。因此，翻译中要正确处理原则性与灵活性的关系。有些人片面理解忠实的含义，以为忠实就是形式上（包括用词、句法结构等）相似。还有人推崇“宁信而不顺”，把“顺”摆在很不重要的位置，其结果必然导致表达中的“翻译腔”或“中式英文”。

要处理好原则性与灵活性的关系，我们在翻译实践中应注意把握以下三个核心技巧：（1）通过灵活变通的手段（例如改变词性、改变语法角色、适当增词或减词、改变原文句法结构等），准确、地道地表述原文的意思。译不通时不要硬译，尽量避免拗口、表意模糊的译文。（2）英译汉是对语言单位进行疏散和调换的过程，应该多采用分译法，即把英语的句子译成表意清楚、节奏短快的汉语流水句，把英语的“集约”表达化为汉语的“粗放”表达；汉译英则是一个由“粗放”到“集约”、从疏散转向收缩的过程，宜多采用合译法，即设法把汉语的散句整合成语法外形完整、逻辑性强、主次分明的英语句子，其中的一个重要方面是要多角度地确立主语和谓语，有些描述性的短句，可考虑译为定语、状语等。(3) 翻译时要紧扣上下文，根据上下文提供的相关信息来选择适当的译文表达方式。基本原则是：译词要看句子，译句子要看段落，译段落要看篇章。应试翻译中，要特别注意根据上下文推断代词的所指或某些生僻词的词义以及一些常见词汇的特殊意义。

（三）注重校核环节

校核不是把译文粗粗地看一遍，改掉几个刺眼的错误，而是理解与表达的进一步深化，是对原文内容进一步核实以及对译文语言进一步推敲的阶段。

在校核阶段，译者往往能够查找到理解阶段或表达阶段的失误之处，既而可以对译文进一步修改、润色，直到译文准确达意为止。因此，校核也是使译文达到合格标准所必不可少的一个重要阶段。

校核分两个步骤：第一步是词句的雕琢，也叫润饰。应该把全部译文通读两遍。为使译文通顺，词句优美，第一遍阅读译文时不妨先把原文放在一边，边看边改，对于晦涩生硬、难懂以及不符合译语语言习惯的地方在不改变原意的条件下进行修改。这种修改由于不看原文，可以免受原文表达形式的束缚和影响。这样修改后，再对照原文看一遍，看看是否与原意有出入。第二步是对照原文阅读，把自己当作译文的第一个读者，同时又是原文的读者。通过对照进行比较，看看译文读者的感受和原文读者的感受是否大致相同，检查有无错译、漏译或译得不恰当不完善的地方。反复作几次修改，直至使自己满意为止。

校核阶段要特别注意处理好以下问题：

(1) 译文在数字、日期、距离、方位以及名称等方面有无错漏；

(2) 译文中有无错漏的词、句和段落；

(3) 译文中有无望文生义的内容；

(4) 译文中有无逻辑不通、行文不顺之处；

(5) 英汉翻译中有无“翻译腔”(translationese)，汉英翻译中有无“中式英文”(Chinglish)；

(6) 译文中有无标点符号使用错误。

翻译活动之后要立即进行校核。译者须对原文中费解和模糊之处进一步剖析，通过探究词句结构、梳理逻辑文理、查阅相关资料、求教专家学者等手段获得对原文新的认识，在“再理解”的基础上进行“再表达”，才会形成比较理想的译文。负责任的译者往往经过反反复复的校核，确信译文没有任何纰漏时，方考虑定稿，把译作最后的检验交给时间。

四、翻译辩误实例

（一）不同的“慢”法

原文：He is a slow student.

原译：他是一个动作很慢的学生。

辨析：slow 有“动作慢”和“需要很长时间”的意思，其实其意思还不止这些，从第二个意思“需要很长时间”还可引申出“困难”等别的意思，如：He is slow of understanding. 他理解力较差。He is so slow that I have to explain everything several times. 他太迟钝，所有的事我都得解释好几遍。所以原句应译做：他学习比较困难（指理解和反应慢）。

注意下面几句的译法：

Be slow to promise but quick to practise. 不要轻易许诺，但是，一旦许了诺要尽快实践。

Business was rather slow last month. 上个月生意不太景气。

I' ll be slow about accepting these terms. 我不会轻易接受那些条件。

He is slow at speech with women yet. 跟女人说话，他还有点笨嘴拙舌。

有几本词典将 slow and steady wins the race 译成“慢而稳者胜”。其实这里 slow 的意思并不是“慢”，而是强调“不慌张”“沉着”，所以准确的译法应是“沉着稳健者胜”。

翻译时要考虑到在不同的搭配中，汉语有不同的习惯说法，如：slow season（淡季），slow time（与夏季时间相对的标准时间），a slow starter（指拳击中开始时采取守势而后猛攻的选手），a tennis court with a slow surface（地面不平因而不利于跑动的网球场地），The book is rather slow.（这本书很乏味/不精彩。）What a slow party it is!（多么索然无味的聚会呀!）

顺便提一下，go slow 中的 slow 是副词，除了表示“慢慢地走”，还可以表示“不慌”“小心”“怠工”“偷懒”等意思，例如 You' d better go slow in reaching a conclusion. 最好不要急于下结论。反过来，虽然在大多数情况下“慢”可以译为 slow（ly），但也有例外，如“慢性病”是 chronic disease，（学校中的）“慢班”是 adjustment class，“慢件”是 regular freight。

（二）从一句话看英汉语的区别

原文：When the economy improves, the number of car accidents rises, as people are at work or on the road more often.

原译：当经济有了改进的时候，随着人们工作或上路更频繁，汽车事故的数目增多了。

辨析：原译比较别扭。首先，开始的"当……的时候"略嫌啰嗦，可简单译为"随着……"。因为英语各从句之间常要靠有形的连接成分黏合，汉语则更多靠上下文意思连贯，连接词用得少得多，除了作为句子开始的疑问副词，汉译时 when 一类的词常可省去，如：When we were having a class someone rushed into the classroom.（我们正在上课，有人冲进了教室。）此外，car accidents 译成"汽车事故"不如译为"交通事故"（英美人更多说 road accident，也说 car accident，但较少说 traffic accident）；再则，"人们工作和上路更频繁"令人费解。这里有两个问题，其一，不能凡是比较级就加上"更"字。"更频繁"的言外之意是"本来就很频繁"，如：Who of the two is taller? 只能译为"这两个哪一个高?"（而不是"哪一个更高"）反过来，汉语中的比较有时是隐含的，英语却要用比较级，如："长江中下游"是 the middle and lower reaches of the Changjiang River，"高等数学"是 higher mathematics，"年轻一代"是 the younger generation。其二，people are at work or on the road more 是两个静态叙说，因为英语句子往往用静态表现动作，而汉语则多用动词；另外这里的 or 译成"或"也有点不顺，所以 as 后的从句可改译为"去上班的人多了，路上的车也多了"。

从以上分析，我们看到英语和汉语在词汇层面和句子层面都有很大的差别。翻译时一定要注意。综上所述，全句可译为：经济改善了，去上班的人多了，路上的车也多了，交通事故（的数目）也增多了。

（三）要补出"话"字

原文：Did you hear me?

原译：你听我了吗?

辨析：这是一句极其简单的句子，可是一不小心还是有人译错了。首先，hear 是"结果动词"，意思是"听见"；listen 才是"动作动词"，表示"听"。其次"听我"也罢"听见我"也罢，意思都不清楚，应该补出一个"话"字你听到/听见我的话了吗?（这句中文在一定的上下文里可以是一种威胁。）

在英语里，"话"字常常不必再说出来（所以英语里很难找到相当于

“话”字的词），但是翻译成汉语时要补出来，例如：Can those sitting in the last row hear me？是问“坐在最后一排的诸位能听得见我说话/的话吗？”如果译成“能听得见我吗？”显然不符合汉语的习惯用法（当然也可以译成“能听得见我说话的声音吗？”）。又如：Listen to me. 应该译为“听我的话”而不是“听我”。反过来“听党的话”只要译为 Listen to the Party. 这里想加一个表示“话”的词都很难，英语说 Listen to him 而不说 Listen to his words 一类的话。

当然“某人的话”可以用 what one says/said 表示，但具体用的时候需要小心，例如有同学把“妈妈，你说得对。”译成 Mum，what you say is right. 粗一看似乎没有问题，但仔细琢磨一下，就会发觉语气不对。说话人好像是在对母亲的话进行评论。上课的时候，老师可以说：What you say is right. 表示一种判断的口气即：你说对了。其实，这一句英译的时候，“话”字可以省去：You' re right，mum. 当然，这不是说“话”字在英语中永远不说出来，比如：Let' s listen to what he has to say.（让我们听听他怎么说/有什么话要说。）Listen to what I am going to say.（仔细/好好听我下面要说的话。）

需要指出的是，省略“话”字的用法是有条件的，即句中有表示“听”的 listen，hear 等词或上下文意思明确时。Am I right？可以是“我对吗？”或“我说得/我的话对吗？”但是 remember me 只能是“记住我”，而不是“记住我的话”，后者的英语是 Remember what I（have）said.

再看这一句：According to him，that is quite cheap. 译成“根据/按照他，这可是够便宜的”也还是让人觉得缺点什么，前面介词短语部分应该译为“根据/按照他的说法/意见/看法/想法”，应补出的部分和“话”字类似。

（四）“二”与“三”之间

原文：Two is company but three is none.

原译：两个和尚担水吃，三个和尚没水吃。

辨析：原译完全是不负责任的乱套，这种情况在一些翻译中时常可以见到，是一种极为不提倡的做法。众所周知，上述中文谚语的前面还有“一个和尚挑水吃”一句，整个谚语的意思是人多了有时反而互相推诿，谁也不肯干，结果什么也干不成。其实，英语中有两条常见的谚语表达类似这条中文谚语的意思：（1）One boy is a boy，two boys are half a boy，and three boys are no boy at all.（字面意思为：只有一个男孩的时候，这个男孩会尽到一个男孩的责任；有两个男孩的时候，两个人会互相推诿，工作虽然做了但是两个男孩各干了本来一个男孩能干的工作的一半；而三个男孩在一起的时候，大家则互相扯皮，谁也不肯干，结果什么也干不成。）（2）Everybody' s business is nobody' sbusiness.（字面意思是：大家的事成了没有人肯干的事。）翻译谚语时如果能在译入语（或目的语）中找到意思相同的谚语，借译当然不失为一种好办法，但不能勉强凑合，更不能乱套。本句英文原文的意思是：Two friends agree well together and are happy in each other' s company; the presence of a third party may lead to quarrelling. 这句古谚常用于指爱情方面，有点反对第三者插足的意思，可译为：两人成伴，三人不欢。顺便提一下，一对情人出去活动时，如果有第三者不知趣也要跟去凑热闹，中文叫“当电灯泡”，英文叫 play gooseberry.

（五）让步关系的表现

原文：When I was a kid, Black beard was one of my heroes, villain that he was.

原译：当我还是孩子的时候，黑胡子是我的英雄之一，他是那么一个恶棍。

辨析：原译最大的问题在于没有处理好原文两个从句之间的逻辑关系，译文前后两句好像没有关系。其实 villain that he was 是一个让步从句，含有“尽管他是个恶魔”的意思。

英语中有许多办法表示让步关系，最简单的是词汇手段，即用连接词和介词（al）though, even if, even though, despite, in spite of, however, nonetheless, notwithstanding 等。相对而言，由这些词引导出的让步状语比较容易识别。有时也可以用 and，这就要从语义上去分析，如：

So able, and the scientist is very modest.（尽管）这位科学家非常能干，却很谦虚。

She has wronged me, and I wish to do her justice. 虽然她冤枉了我，可我还是希望对她做到仁至义尽。

但也常用其他形式的从句，即不用上面提到的连接词来表达，让步的意思往往显得不那么明显，翻译时要小心，如：

For all his wealth, he is not happy. 尽管他有那么多财产，他并不幸福。

Charming as she was, I was not interested in her. 她很有魅力，但是我对她没有兴趣。

That said, I have to agree that there are great difficulties. 虽然话是那么说，我还是承认确实有许多困难。

此外，汉语是一种意合为主的语言，在意思明确的情况下可以不用连接词，所以把原译中的“当……的时候”去掉会更自然一些；“我的英雄之一”意思也不够明确，最好加上一些词，将意思说清楚；词序也可适当调整，将让步从句放到前面更符合汉语的习惯。所以全句可译为：尽管黑胡子是一个大坏蛋，但在我小时候，他却是我心目中（崇拜）的英雄之一。

参考文献

[1] 安玉青，李丽辉，徐梅玲．语言学与英语翻译研究［M］．北京：光明日报出版社，2016.

[2] 白冰．浅析高校英语翻译教学现状和技巧［J］．铜陵职业技术学院学报，2015（4）：85-87.

[3] 边立红，黄曙光．大学科技英语翻译教程［M］．北京：对外经济贸易大学出版社，2016.

[4] 曹盛华．当代商务英语翻译研究［M］．北京：中国水利水电出版社，2016.

[5] 常燕．英语翻译多维视角新探［M］．北京：中国水利水电出版社，2016.

[6] 陈泰溶．英语翻译教学的有效措施研究［J］．海外英语，2015（20）：22-23.

[7] 陈永宁．英语翻译中涵盖的语言学模式［J］．鸭绿江（下半月版），2015（11）：93.

[8] 陈渝．目的论统领下的英语翻译探析［J］．时代教育，2015（10）：83.

[9] 董晓波．商务英语翻译（第2版）［M］．北京：对外经济贸易大学出版社，2017.

[10] 段云礼．实用商务英语翻译（第2版）［M］．北京：对外经济贸易大学出版社，2013.

[11] 鄂雨虹．浅议英语翻译教学的模式创新［J］．海外英语，2015（9）：82-83.

[12] 付艳丽．刍议英语翻译中的广告翻译［J］．校园英语，2015（20）：226.

[13] 高雅．分析经贸英语翻译实践文化缺失及应对措施［J］．校园英语，2017（1）：208-209.

[14] 龚茁．法律英语翻译一致性原则研究［M］．杭州：浙江工商大学出版社，2016.

[15] 顾渝．商务英语翻译［M］．北京：对外经济贸易大学出版社，2014.

[16] 郭晓燕．现代实用商务英语翻译［M］．北京：对外经济贸易大学出版社，2013.

[17] 何广铿．英语教学法教程：理论与实践［M］．广州：暨南大学出版社，2011.
[18] 何明生．基于目的论基础上商务英语翻译途径浅析［J］．校园英语，2017（2）：216.
[19] 何少庆，余姗姗．商务英语翻译实务［M］．北京：中国人民大学出版社，2017.
[20] 胡利君．英语教学新论［M］．上海：上海交通大学出版社，2015.
[21] 霍美宁．新闻英语翻译特点与技巧探析——评《实用新闻英语翻译》［J］．新闻与写作，2017（3）：120.
[22] 金国臣，李玉梅，武晓燕．现代大学英语教学研究：理论、方法与策略［M］．北京：石油工业出版社，2010.
[23] 景志华，张云勤，杨国民．商务英语翻译［M］．北京：对外经济贸易大学出版社，2015.
[24] 雷琼华，吴小芳，桂仁娜．英语翻译技巧与教学实践［M］．北京：中国文联出版社，2016.
[25] 李梦瑞．英语翻译中的常见错误及应对技巧［J］．明日风尚，2017（10）：183.
[26] 李照国．中医英语翻译研究［M］．北京：生活·读书·新知三联书店.2013.
[27] 廖芸．商务英语翻译教程［M］．北京：对外经济贸易大学出版社，2016.
[28] 刘曼华，赵坤．商务英语翻译［M］．北京：中国商务出版社，2014.
[29] 卢华．网络环境下高校英语翻译教学模式思考［J］．湖北函授大学学报，2017（2）：167-168.
[30] 彭萍．实用旅游英语翻译［M］．北京：对外经济贸易大学出版社，2016.
[31] 齐戈，魏春梅，杨永艳．英语教学法改革与实践研究［M］．北京：中国书籍出版社，2013.
[32] 秦毅．大学英语翻译教程［M］．北京：中国石化出版社，2017.
[33] 邱景翎．英语翻译中跨文化视角转换及翻译技巧的分析［J］．海外英语，2017（6）：107-108.
[34] 孙亚．高职高专英语翻译教学新思路［J］．兰州教育学院学报，2015（6）：142-143.
[35] 孙自挥．外语教学模式创新实践［M］．成都：四川大学出版社，2014.
[36] 佟晓梅．网络英语翻译［M］．天津：南开大学出版社，2017.

[37] 王蓓．情景认知理论与高校英语翻译教学［J］．校园英语，2015（8）：66.

[38] 王秋菊．商务英语翻译［M］．重庆：重庆大学出版社，2015.

[39] 王天舒，等．大学英语教学模式改革的问题与对策初探［M］．北京：民族出版社，2014.

[40] 王卓，洪宇，张大鹏．英语翻译研究导论［M］．北京：中国铁道出版社，2017.

[41] 武琳．大学英语教学模式与课程建设研究［M］．长春：吉林大学出版社，2016.

[42] 谢龙水．工程技术英语翻译导论［M］．北京：北京希望电子出版社，2015.

[43] 谢淑君．关于英语翻译中跨文化视角转换及翻译技巧探讨［J］．校园英语，2017（2）：235.

[44] 徐德荣，江建利．海洋水产英语翻译［M］．青岛：中国海洋大学出版社，2015.

[45] 徐淑娟．大学英语教学改革与任务型教学法［M］．北京：中国水利水电出版社，2014.

[46] 许艳平．英语翻译课堂新编［M］．北京：光明日报出版社，2017.

[47] 苑春鸣，姜丽．商务英语翻译［M］．北京：外语教学与研究出版社，2013.

[48] 岳洁．试论英语翻译中跨文化视角转换与翻译技巧［J］．明日风尚，2017（6）：396.

[49] 曾文华，付红桥．商务英语翻译［M］．武汉：武汉理工大学出版社，2014.

[50] 张干周，郭社森．科技英语翻译［M］．杭州：浙江大学出版社，2015.

[51] 张静知．英语翻译的具体方法及其技巧分析［J］．鸭绿江（下半月版），2015（11）：94.

[52] 张丽红．中华文化与英语翻译研究［M］．北京：光明日报出版社，2017.

[53] 张璐．英语翻译的传播价值研究——评《英语翻译基础》［J］．新

写作，2017（2）：117.

[54] 张美蓉．英语翻译中悖论的发现与理解［J］．校园英

（7）：237.

[55] 张曦. 科技英语翻译教程 [M]. 上海：上海交通大学出版社，2016.
[56] 张晓莉. 跨文化语境下的商务英语翻译研究 [M]. 北京：中国水利水电出版社，2017.
[57] 赵凤琴，张素红. 透视英语教育发展 [M]. 北京：北京师范大学出版社，2013.
[58] 邹德芳. 基于中医英语语料库的中医英语翻译研究 [M]. 长春：吉林大学出版社，2016.

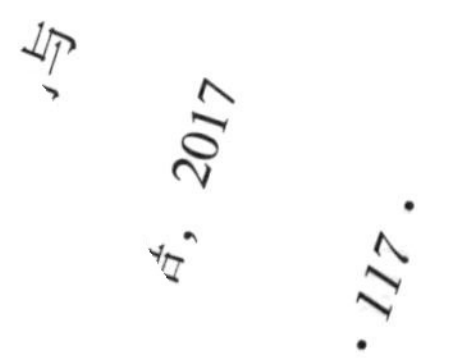